中等职业教育“十四五”酒店培训系列教材

酒店前厅服务与管理实训技能指导

陈红艳　主编

陈　娜　范燕林　副主编

天津大学出版社
TIANJIN UNIVERSITY PRESS

图书在版编目(CIP)数据

酒店前厅服务与管理实训技能指导 / 陈红艳主编；陈娜，范燕林副主编. -- 天津：天津大学出版社，2024.2

中等职业教育"十四五"酒店培训系列教材

ISBN 978-7-5618-7656-5

Ⅰ.①酒… Ⅱ.①陈… ②陈… ③范… Ⅲ.①饭店－商业服务－中等专业学校－教学参考资料②饭店－商业管理－中等专业学校－教学参考资料 Ⅳ.①F719.2

中国国家版本馆 CIP 数据核字(2024)第 038642 号

出版发行	天津大学出版社
地　　址	天津市卫津路 92 号天津大学内(邮编:300072)
电　　话	发行部:022-27403647
网　　址	www.tjupress.com.cn
印　　刷	北京虎彩文化传播有限公司
经　　销	全国各地新华书店
开　　本	710mm×1010mm　1/16
印　　张	7.75
字　　数	120 千字
版　　次	2024 年 2 月第 1 版
印　　次	2024 年 2 月第 1 次
定　　价	29.00 元

序　言

习近平总书记多次强调，课程教材要发挥培根铸魂、启智增慧的作用，必须坚持马克思主义的指导地位，体现马克思主义中国化最新成果。全面落实立德树人根本任务，深化专业、课程、教材改革，提升实习实训水平，努力实现职业技能和职业精神培养高度融合，促进现代职业教育的大改革大发展，加快国家发展急需的各类技术技能人才培养，是现代职业教育的重要任务。

作为酒店行业的重要环节之一，前厅服务和管理的质量直接关系到酒店客人的入住体验和整体形象。本书旨在为酒店前厅服务和管理专业领域的学生和相关从业人员提供全面的指导和实训技巧，帮助他们掌握相关知识和技能，提升自身素质。

在编写本书时，编写团队充分参考了国内外酒店行业的最新发展动态和实践经验，结合了前厅服务和管理岗位的具体需求。本书内容涵盖了酒店前厅服务的基本知识、工作流程、从业技巧和应对策略等方面，旨在帮助读者全面了解前厅服务的职责和要求，掌握与操作和管理相关的实用技能。

本书的编写团队是一支由酒店管理专业资深教师和行业从业人员组成的团队，在教学和实践方面都积累了丰富的经验，特别注重理论与实践相结合，通过案例分析、角色扮演和模拟实训等方式，帮助读者将所学知识应用于实际工作中。

希望本书能够成为您学习和实践的有力工具，引导您逐步掌握酒店前厅服务与管理的技能，提升自身的竞争力。同时，我们也衷心希望您在学习的过程中能够积极思考和探索，与他人交流和分享，形成独立思考和创新能力，以适应行业的不断变化和发展。

最后，感谢您对本书的支持和信任。如有任何意见或建议，请随时与我们联系，我们将不断改进和完善，为您提供更好的教学资源和指导。

目　　录

模块一　认识前厅部

项目一　认识前厅部

实训目的

（1）认识前厅部，了解前厅部的基础知识。

（2）明确前厅服务员的岗位职责。

（3）了解前厅服务员的基本素质。

实训方法

学生设计参观计划，对当地一家四星级酒店进行实地参观，观摩访谈，画出酒店前厅的布局图。

实训时间

2 学时。

实训内容

一、基础知识

前厅部的基础知识，前厅服务的基本要求，前厅的基础知识。

二、准备工作

了解酒店基础知识，酒店的组织结构，前厅服务的工作岗位及岗位职责；设计参观酒店的流程。

三、服务技能

（一）仪容仪表的整理

1. 仪容仪表

（1）上岗必须穿酒店规定的制服以及鞋袜，男员工穿黑色的袜子，女员工穿肉色丝袜。

（2）服装必须熨烫平整，纽扣扣齐全，干净整洁，证章端正地佩戴在左胸处。皮鞋保持光亮，整洁。

（3）面容清洁。男服务员每天修面，不留胡须；女服务员可化淡妆，涂少许口红、眼影，香水的使用一定要适量，不可浓妆艳抹。

（4）发型美观大方，经常梳理，男服务员鬓角不过耳，后不过领。女服务员如留长发，需用黑色发结束起，不得加其他头饰。头发要经常洗，保持头发清洁整齐，不得有头屑。

（5）不可戴戒指、项链、耳饰、手镯、手链等饰物。

（6）手部保持清洁，经常修剪指甲，女服务员上班不允许涂指甲油。

（7）经常洗澡，身上无异味。

2. 礼节礼貌

1）称呼礼节

要用敬语称呼客人，常用如“先生”“太太”“女士”等称呼，并能主动问候客人，在距离客人 5 ～ 7 米的时候就要注视客人，面带微笑，当距离客人 2 米远的时候，要主动问候客人。

2）接待礼节

遇到客人要主动问候客人，对待所有客人都应该一视同仁，送别客人时，要与客人说“再见”，并说“欢迎下次光临”。

3）使用礼貌用语

客人入住登记时，要对客人表示欢迎并主动问好；客人离店时，要欢送客人并说“再见”；与客人交谈时，必须站立，保持微笑，对待客人提出的问题要耐心地回答，如果遇到自己不懂的问题，不能回答“不知道”。

4）举止规范

在工作期间，要注意“走路轻、说话轻、操作轻”，举止要端庄大方，态度要和蔼可亲。在服务的时候要保持身体姿态的优雅规范，手势语要规范适度，在向客人指示方向时，手指并拢，掌心向上，切忌用手指指指点点。

（二）推销客房

（1）按照酒店已定的价格策略，推销酒店高档客房。

（2）用礼貌用语为客人介绍房间，要尊重客人，语言流畅。

（3）了解客情，熟悉房间的设施设备，能为不同的客人提供有针对性的介绍服务。

（4）为顾客提供咨询服务，为顾客提供当地旅游景点、特色美食、购物以及酒店内部的特色服务等相关信息。

（三）前厅服务工作流程

1. 客人抵店前的准备工作

客人抵店前的准备工作包括：预订服务、店外迎接服务。

2. 客人抵店时的服务

客人抵店时的服务包括：到店迎接、行李服务、入住登记、货币兑换、建立客账、传递信息。

3. 客人住店期间服务

客人住店期间服务包括：前厅服务、问讯、换房、提前离店或续住；电话留言服务；商务服务；委托代办服务；受理投诉；客账服务。

4. 客人离店时的服务

客人离店时的服务包括：结账服务、行李服务、门口送别服务、更改房态。

5. 客人离店后的工作

客人离店后的工作包括：店外送别、客人遗留物品处理、客史档案、联系客人。

四、要点提示

（1）与客人交谈时，要“请”字当先，“谢谢”收尾。

（2）工作中出现差错，要主动、诚恳地道歉求得对方的谅解。

（3）对待客人的投诉，应当耐心倾听，然后表示歉意，要把“对”让给客人。

（4）当房门上挂有“请勿打扰”牌时，绝对不可以擅自进入客人房间。

（5）与客人谈话，必须保持一步半的距离。

（6）当距离客人 5 ～ 7 米远时就要注视客人，距离客人 2 米远的时候要主动问候客人。

五、评价表

前厅服务员仪表姿态实训评价表，见表 1–1。

表 1-1　仪表姿态实训评价表

序号	评价内容	操作内容	配分	得分
1	仪容仪表	表情：自然，脸带笑容。 头发、指甲：符合要求。 妆容：女士化淡妆、不戴首饰，男士不留胡子。 工作服：整洁	20	
2	站姿	身体重心在两个前脚掌； 身体要端正，挺胸、收腹，面带微笑； 两眼平视前方，手臂姿势正确； 手脚不可随便摆动； 女服务员站立时，双腿和膝盖并拢，脚尖呈现"V"字形； 男服务员站立时，双手背身后，双脚同肩宽	15	
3	坐姿	入座时，要保持身体平衡，先出右脚，左脚要紧跟，坐下的时候要轻，让客人感觉很优雅； 坐下时，只需要坐满椅子的 1/2 ～ 2/3； 坐下后身体要挺拔，挺胸抬头，目光平视，不可跷脚乱动； 身体正对着前方或者顾客，双手自然放在扶手或者腿上； 女子双腿并拢，男子的腿间距可保持一个拳头的宽度	15	
4	行姿	行走时挺胸、收腹、抬头，身体重心落于两个脚掌之间； 手臂自然下垂，膝盖伸直，面带微笑； 步幅不能过大，男在40 厘米左右，女在30 厘米左右	15	
5	推销房间	一直面带微笑，用礼貌用语为客人介绍房间； 客人离开时要有祝福语	20	
6	整体印象	微笑服务，服务态度良好，语言优美等	15	
总评				

随堂练习

1. 填空题

（1）请你记录参观流程以及参观中的所见所闻。

①________ → ②________ → ③________ → ④________ → ⑤________

（2）请将下列表格补充完整。

前厅部组织结构

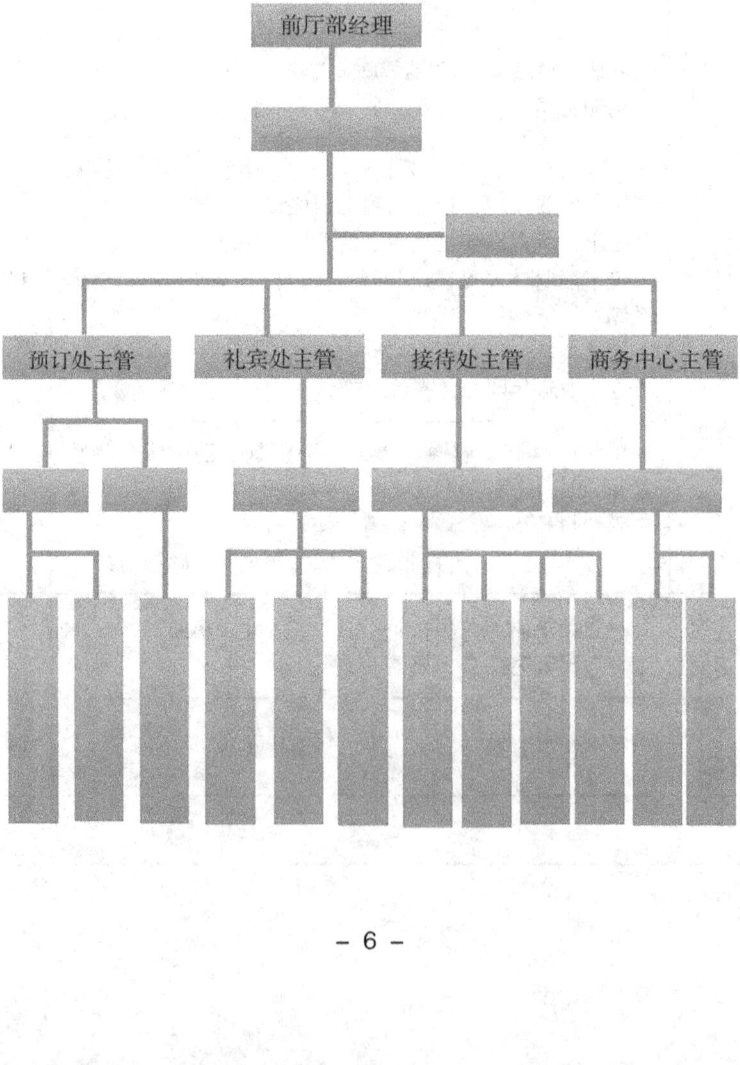

（3）请你画一个酒店前厅的平面图。

2. 讨论交流

你对所参观的酒店大厅的印象如何？对照饭店星级评定标准，对你所参观的酒店前厅环境进行评价打分。能否与大家分享一下你的经验？

你的评价：________________________________

____

____

____

你的宝贵经验：____________________________

____

____

____

模块二　客房预订服务

项目一　散客预订服务

实训目的

（1）认识酒店房间类型和房价种类。

（2）了解散客预订服务程序。

（3）学习填写散客预订单。

实训方法

观看教学视频，制订服务计划，进行情景模拟。个人、小组之间、教师进行三方评价，总结经验收获，提升学习效果。

实训时间

2 学时。

实训内容

一、基础知识

酒店房间类型、房价种类、客房状态和报价方法。

二、准备工作

熟悉如何填写散客预订单，预订员的服务准备工作及受理预订的主要工作。

三、服务技能

（一）预订员的服务准备工作

（1）按规范检查个人的仪容仪表，调节好情绪，做到服务热情周到，真心诚意。

（2）检查计算机、打印机、传真机、电话机是否处于正常工作状态，准备好相关办公用品，准备好预订单。

（二）预订员受理预订的主要工作

（1）掌握电话接听礼仪。

（2）填写散客预订单（见图 2–1）。

（3）为客人推荐适当的房型。

（4）了解房价种类。

（5）了解客房状态类型。

散客预订单

RESERVATIO FORM

NO：

☐新 订 New Rsvn ☐更 改 Amendment ☐取 消 Cancellation

公司：
Corp: ______

先生/太太/小姐：
MT/Ms/Miss ______

到达日期/时间：______
Am.Date/Time:

离开日期/时间：______
Dep.Date/Time:

房间类型					
房间数量					
价格					
入住人数					

付款方式：______
Method of Payment:

押金：______
Deposit:

联系人：______
Conformation if require:

联系电话：______
TelNo:

房间保留至：______
Room Will Be Held Until:

批准人：______
Approved:

备注：______
Remarks:

______

______

经手人：______
Taken By:

日期：______
Date:

预订人：______
Guest signature:

时 间：______
Time:

图 2–1 散客预订单

（三）散客预订服务程序（电话预订）

散客电话预订服务程序见表2–1。

表2–1　散客电话预订服务程序

序号	程序	标准
1	接电话	铃响3声以内，必须接起电话
2	问候客人	向客人问好，并自报所在部门名称及姓名
3	聆听客人预订要求	确认客人预订日期，查看系统及客房预订显示价格
4	询问客人姓名	询问客人姓名及英文拼写，并复述确认
5	推销房间	介绍房间种类和房价，从高价房到低价房； 询问客人公司名称； 查询信息，确认是否属于合同单位，便于确定优惠价格
6	询问付款方式	询问客人付款方式，在预订单上注明； 公司或者旅行社承担费用者，要求在客人抵达前电传书面信函，做付款担保
7	询问客人抵达情况	询问客人抵达航班及时间； 向客人说明，无明确抵达时间和航班，酒店将保留房间到入住当天18:00； 如果客人预订的抵达时间超过18:00，要求客人告知信用卡号码做担保预订
8	询问特殊要求	询问客人特殊要求，是否需要接机服务等； 对有特殊要求者，详细记录并复述

续表

序号	程序	标准
9	询问预订代理人情况	预订代理人姓名、单位、电话号码，对上述情况做好记录
10	复述预订内容	日期、航班、房间种类及房价、客人姓名、特殊要求、付款方式、代理人情况
11	完成预订	向客人致谢，记录存档

散客预订服务实训评价表，见表 2–2。

表 2–2　散客预订服务实训评价表

序号	评价内容	操作内容	配分	得分
1	仪容仪表	按照酒店服务与管理要求规范着装、化淡妆	10	
2	受理电话预订	使用礼貌用语，语言规范； 3 次响铃之前接起电话，并自报家门； 仔细聆听客人的预订要求； 主动推销客房，掌握一定的报价策略	30	
3	核对入住信息	准确复述日期、航班、房间种类、房价、客人姓名、特殊要求、付款方式、代理人情况等信息	30	
4	确认入住信息	填写预订单，并请客人确认签字； 电话预订可以将预订确认信息以邮件或者短信的方式发给顾客，请顾客确认； 注意使用礼貌用语，不能使顾客感到尴尬	10	

续表

序号	评价内容	操作内容	配分	得分
5	询问特殊需求	询问客人特殊要求，是否需要接机服务等； 对有特殊要求者，详细记录并复述	10	
6	整体印象	微笑服务，服务态度良好，语言优美等，并向客人致谢	10	
总评				

四、要点提示

（1）电话铃声响 3 声之前要接听电话。

（2）在得知客人姓氏以后，要使用姓氏 + 尊称，例如：张先生，您好！

（3）客人询问房价、房间类型等信息时，服务员不能有不耐烦的情绪，应该耐心细致地为顾客解答。

（4）客人因为某种原因取消预订等情况，服务员不应该嘲笑、讽刺客人。

（5）服务过程中语言优美，音量适中，使用尊称，结束时要对客人致谢。

随堂练习

1. 判断题

（1）无论何种情况，预订记录都应根据客人最新的预订要求而产生，以便入住手续的有效进行。

□ 对

□ 错

（2）接受预订时，如遇客满，应婉拒客人预订，推荐附近的同档次的酒店并征求客人意见是否需要为其代订其他酒店客房。

□ 对

□ 错

2. 角色扮演题

题目：两人一组，练习散客电话预订服务。

请模拟以下对话。

预订员：您好，康年酒店预订部，请问有什么可以帮您的？

顾　客：我要订一间单人间。

预订员：好的，先生。请问您贵姓？

顾　客：姓李。

预订员：您好，李先生，我们单人间是每晚人民币 800 元，您何时入住，住几天？

顾　客：4 月 30 日，两晚。

预订员：也就是 5 月 2 日离店，对吗？

顾　客：对。

预订员：您对房间有什么特殊要求吗？

顾　客：安静一点儿就可以了。

预订员：好的，李先生，您是乘飞机还是高铁？

顾　客：飞机。

预订员：李先生，请问飞机的航班号是什么？

顾　客：CZ1825。

预订员：李先生，需要我们提供接机服务吗？

顾　客：不用了，我朋友会来接我的。

预订员：好的，李先生，请问您是现金结账，还是信用卡结账？

顾　客：现金。

预订员：现在是旅游旺季，我们只能将您的客房保留至入住当日18:00，若要延长保留时间，您可以用信用卡担保。

顾　客：不用了，我当天15:00就能到。

预订员：好的，李先生，能留下您的全名和联系方式吗？

顾　客：木子李，弓虽强，电话是139……。

预订员：好的，李先生，您订了一间较为安静的单人间，每晚房费是人民币800元，将于4月30日15:00乘飞机CZ1825抵达，5月2日离店，您会用现金结账，电话是139……，请问还有什么需求吗？

顾　客：就这样吧。

预订员：好的，李先生，感谢您的来电，期待您的光临。

顾　客：好的，再见。

预订员：再见。

3. 讨论交流

你对模拟散客电话预订有什么收获或者经验？能跟大家分享一下你的经验吗？

你的评价：____

____

____

____

你的宝贵经验：____________________________________

____

____

____

项目二　团队预订服务

实训目的

（1）回顾散客预订服务程序。
（2）了解办理团队预订的一般环节。
（3）掌握团队预订服务程序。

实训方法

观看教学视频，制订服务计划，进行情景模拟。个人、小组之间、教师进行三方评价，总结经验收获，提升学习效果。

实训时间

2 学时。

实训内容

一、基础知识

酒店房间类型、房价种类、客房状态和报价方法。

二、准备工作

了解办理团队预订的一般环节，熟知团队预订服务程序。

三、服务技能

（一）办理团队预订的一般环节

（1）接受销售部的团队预订。

（2）做团队预留房。

（3）做团队确认房。

（二）团队预订服务程序

团队预订的具体工作由市场销售部负责联系并确认。

（1）前厅预订员接到市场销售部的预订通知后，应仔细阅读并确认预订信息是否齐全完整，如有遗漏应请市场销售部补齐。

（2）将经确认后的订房信息输入系统。订房信息包括团号、客户编号、人数、房数、房类、价格、付款方式、抵离日期、航班/车次及其他特殊需求。

（3）预订完成后，如有变更，由市场销售部将变更信息及时送达预订部，预订部及时更改系统中的信息。

（4）团队抵店前3天，由市场销售部将入住通知单送往预订部，预订员核对后签收。

（5）团队抵店前两天，前厅预订员在系统中分房并录入名单。

（6）团队抵店当天早晨前厅预订员将名单交总台接待处。

四、要点提示

当市场销售部已经确认该团队客人肯定入住或已收到预付款，预订员应该在系统中录入团队成员的姓名、房价、到达时间等信息。同时再次确认以下信息。

（1）团队名称、住客姓名、国籍、身份、人数、抵离日期和时间、抵离交通工具、房间种类及数量，以及用餐类别、标准、时间。

（2）注意付款方式及费用自理项目，如果是旅行社预付款，要注意预收款金额。

（3）注意团队包价中有关酒店需提供客人的服务和用品。

（4）注意询问并留下团队代理人的姓名、电话等联系方式。

（5）注意各项特殊要求和安排，如是否可能提前抵达、行李的处理要求、入住的安排等。

五、评价表

团队预订服务实训评价表，见表 2–3。

表 2–3　团队预订服务实训评价表

序号	评价内容	操作内容	配分	得分
1	仪容仪表	按照酒店服务与管理要求规范着装，化淡妆	10	
2	受理预订	使用礼貌用语，语言规范； 如果是电话预订，3 次响铃之前接起电话，并自报家门； 仔细聆听客人的预订要求； 主动推销客房，掌握一定的报价策略	30	
3	核对入住信息	核对团号、客户编号、人数、房数、房类、价格、付款方式、抵离日期、航班 / 车次及客人的其他特殊需求	30	
4	确认入住信息	填写预订单，并请客人确认签字； 电话预订可以将预订确认信息以邮件、短信或者传真的方式发给顾客，请顾客确认； 注意使用礼貌用语，不能使顾客感到尴尬	10	

续表

序号	评价内容	操作内容	配分	得分
5	询问特殊需求	询问客人特殊要求，是否需要接机服务等； 对有特殊要求者，详细记录并复述	10	
6	整体印象	微笑服务，服务态度良好，语言优美等，并向客人致谢	10	
总评				

随堂练习

1. 填空题

列举出对比团队预订和散客预订的相同点和不同点。

	不同	相同
散客预订	________ ________ ________ ________ ________	________ ________ ________ ________ ________
团队预订	________ ________ ________ ________ ________	________ ________ ________ ________ ________

2. 情景模拟

12 月 20 日 16:00 环球酒店预订部收到一份北京国旅发来的传真，对方想预订 12 月 22 日 20 间普通标准间，连住 3 个晚上，客人乘坐 D56 次列车 13:04 抵达高铁站，需酒店代订 45 座的旅游大巴 1 辆。

如果你是预订员，会如何应对？

3. 讨论交流

团队预订情景模拟，你扮演的是什么角色？你有什么收获或者经验？能跟大家分享一下你的经验吗？

你的评价：______

______

______

______

______

你的宝贵经验：______

______

______

______

______

项目三　预订确认与婉拒

实训目的

（1）明确确认预订的内容。
（2）了解确认预订的方式。
（3）熟知订房婉拒的理由。

实训方法

观看教学视频，制订服务计划，进行情景模拟。个人、小组之间、教师进行三方评价，总结经验收获，提升学习效果。

实训时间

2学时。

实训内容

一、基础知识

预订确认的方式，书面确认的好处，订房婉拒的理由。

二、准备工作

明确预订员在受理预订时的注意事项，并再次回顾散客与团队预订服务程序。

三、服务技能

（一）确认内容

（1）满足客人对预订房间的要求。

（2）满足客人对预住期限的要求。

（3）与客人就房价达成一致意见。

（4）与客人就付款方式达成一致意见。

（二）预订确认的方式

1. 口头确认

口头确认也可以是电话确认，即将上一个工作流程所接受的预订，在同客人联系时得到客人的认可和承诺。

2. 书面确认

根据国际订房的惯例，不管订房人是以口头或者打电话的方式订房，或者是以书面形式订房，只要是客人订房与来店的日子之间有充足的时间，酒店都应该向客人寄送书面客房预订确认函（见图2-2）。预订员可以采用电子邮件、手机短信、传真等书面形式与客人确认预订的各项内容。书面确认不仅仅是复述客人的预订要求，同时也向客人陈述了价格、定金、日期、取消预订及付款方式等相关规定和政策，实际上书面确认是酒店与客人之间达成交易的书面协议。

<table>
<tr><td>XX 酒店
地址：
电话：

您对__________________的预订已被确认。</td><td>客户姓名：　　电话：
房型：　　房数：　　房价：
预订日期：　　抵店日期：
抵店时间：　　预住天数：
离店日期：
结账方式：　　订金：</td></tr>
<tr><td colspan="2">本酒店已经确认您的订房。由于客人离店后，需要一定时间整理客房，因此下午 2 点以前恐不能安排入住，请您见谅。未付订金或无担保的订房将保留到当日下午 6 时。</td></tr>
</table>

图 2–2　客房预订确认函

（三）服务提示

对于客人的电话预订、传真预订、当面预订、信函预订、网络预订等各种订房方式，酒店最好采用书面形式进行订房确认。

书面确认的好处：证明酒店能够满足客人的要求；使酒店和客人之间达成协议关系，从而也约束双方行为；使酒店了解更多、更准确的客人资料，很多酒店对持有确认书的客人常给予优惠服务。

（四）订房婉拒的理由

电话预订中服务员可以当时就婉拒客人的预订，但是网络预订、传真预订等其他预订方式中预订员无法直接拒绝客人，此时酒店通常会给客人签发致歉信。订房婉拒的理由一般有以下三种。

1. 酒店完全客满

此时只能询问客人是否愿意列在候补名单上。

2. 客人所要求的房间种类已经完全售出或者不够

这时候预订员可以建议客人更改为其他类型的房间，如果客人不愿意，只能婉拒客人的订房要求。预订员可以推荐其他同类型的酒店给客人，这样会给客人留下一个很好的印象，客人下次订房会优先考虑本酒店。

3. 客人被列为“黑名单”之内

所谓的“黑名单”是指由于某些原因，经过酒店的管理层审核之后，被记录在案的一些不受欢迎的客人。国内各地的酒店也会不定期的发函通告各会员酒店，该函被称为“恶客通告”。公告里明确说明该恶客的劣迹，呼吁酒店同行不予收留，以免遭受损失或者带来麻烦。

四、要点提示

（1）服务过程中，服务态度端正，服务周到耐心。

（2）预订确认时，要细致，不要出现错误和遗漏。

（3）婉拒预订要灵活应变，既不能损失酒店的利益，也不能忽略客人的损失。如果因为酒店的原因，导致客人无法入住，应该对客人进行一定的赔偿；如果因为客人自身的原因，无法入住，服务人员应该采取合理有效的措施，尽可能减少酒店和客人的损失。

五、评价表

预订确认与婉拒服务实训评价表，见表 2–4。

表 2–4　预订确认与婉拒服务实训评价表

序号	评价内容	操作内容	配分	得分
1	仪容仪表	按照酒店服务与管理要求规范着装、化淡妆	10	
2	预订确认	使用礼貌用语，语言规范，复述客人的预订要求； 复述价格、定金、日期、取消预订及付款方式等信息； 至少展示两种形式的预订确认； 服务程序规范，无信息遗漏； 向客人致谢	40	

续表

序号	评价内容	操作内容	配分	得分
3	婉拒预订	如果是电话预订，婉拒预订要注意服务语言、方式、态度等； 如果是其他预订，婉拒预订应该给客人发致歉信； 至少展示两种形式的婉拒预订； 服务程序规范，无信息遗漏	40	
4	整体印象	微笑服务，服务态度良好，语言优美等，并向客人致谢	10	
总评				

随堂练习

1. 情景模拟

请结合 3 种订房婉拒的理由，两人一组，讨论编写情景剧本，进行角色扮演。

情景 1：酒店客满。

客人：______________________________

预订员：______________________________

客人：______________________________

预订员：______________________________

客人：______________________________

预订员：______________________________

客人：____

预订员：______________________________________

客人：____

预订员：______________________________________

情景 2：房间类型不满足客人要求。

客人：____

预订员：______________________________________

客人：____

预订员：______________________________________

客人：____

预订员：______________________________________

客人：____

预订员：______________________________________

客人：____

预订员：______________________________________

情景 3：“黑名单”客人。

客人：____

预订员：______________________________________

客人：____

预订员：______________________________________

客人：____

预订员：______________________________

客人：______________________________

预订员：______________________________

客人：______________________________

预订员：______________________________

2. 填空题

请你与搭档完成电话预订情景模拟，并将下列预订确认单补充完整。

________宾馆	客户姓名：　　　电话：
地址：	房型：　　　房数：　　房价：
电话：	预订日期：　　　抵店日期：
	抵店时间：　　　预住天数：
您对____________的预订	离店日期：
已被确认。	结账方式：　　　订金：
本酒店已经确认您的订房。由于客人离店后，需要一定时间整理客房，因此下午 2 点以前恐不能安排入住，请您见谅。未付订金或无担保的订房将保留到当日下午 6 时。	

3. 讨论交流

通过婉拒预订情景模拟，你有什么收获或者经验？能跟大家分享一下你的经验吗？

你的评价：______________________________

____

____

你的宝贵经验：______________________________

____

____

____

____

模块三　礼 宾 服 务

项目一　迎送宾客服务

实训目的

（1）认识前厅迎送服务的主要内容以及服务规范。

（2）根据服务动作规范，能做好宾客的迎送服务。

（3）能做好与其他部门的协调工作。

实训方法

制定宾客迎送服务方案，能够有针对性地为贵宾解决问题，按照方案实施迎送计划，设计模拟场景，老师先示范，学生后实作，老师再指导，学生之间相互点评。

实训时间

1学时。

实训内容

一、基础知识

前厅服务的基本要求，迎送宾客的服务程序。

二、准备工作

了解酒店基础知识，酒店的组织结构，前厅礼宾服务的工作岗位及岗位职责；设计迎送宾客服务的方案。

三、服务技能

1. 上岗前的准备工作

（1）仪容仪表的准备。

认真自查仪容仪表是否符合酒店的要求。

（2）心理准备。

调整好心态，确保在服务过程中热情微笑服务。

（3）物品准备。

检查交接班记录本，检查负责区域的设施、设备及卫生安全状况。

2. 迎接服务

（1）引领车辆在适当的地方停车。

（2）护顶服务。开启车门，用左手拉开车门约 70°，右手挡在车门上沿，为宾客护顶，防止宾客碰上头顶。

（3）微笑服务，使用敬语欢迎宾客到来。

（4）协助行李员卸下行李。

（5）招呼行李员引领宾客进入酒店大厅。

3. 送行服务

（1）召唤宾客所用之车停到合适的地方，并方便装行李。

（2）协助行李员把行李装入汽车的后舱，并请宾客确认。

（3）请宾客上车，并为宾客护顶，等宾客坐稳后再关上车门。

（4）站在汽车斜前方 1 米左右位置，挥手向宾客道别，目送宾客，并说“再见，一路顺风”等礼貌用语。

4. 迎送宾客服务工作程序

（1）客人抵店前的准备工作。

仪容仪表准备，心理准备，物品准备，了解客情。

（2）迎接服务。

双目注视，面带微笑，注意礼貌。

（3）开车门、护顶服务。

左手开车门，右手护顶，协助宾客下车，轻轻关上车门。

（4）问候宾客。

用标准的服务用语“您好！欢迎光临 ×× 酒店。”问候宾客。

（5）询问是否需要行李服务。

询问宾客是否需要行李服务，如果宾客同意，帮宾客取出行李。

（6）引领宾客入店。

如果有行李员则让行李员引领宾客进入酒店大厅，如果没有行李员，则自己引领宾客进入酒店大厅。

（7）返回门岗。

交接完毕后，为避免门岗服务空缺，应立即返回门岗。

四、要点提示

（1）在迎接准备工作时，了解客情工作非常重要，主要了解宾客姓名、国籍、族别、人数、所乘航班号（或车次）及抵离酒店的时间。

（2）对常客应努力记住客人姓名，以示尊重。开车门时要用左手拉开车门约 70°，右手挡住车门上沿，为客人护顶，防止客人碰伤头部；开车门时注意应先打开右侧后门；若有宗教信仰的宾客，则不需要护顶服务；若遇雨天，则需要为宾客撑雨伞。

五、评价表

前厅迎送宾客服务实训评价表，见表 3–1。

表 3–1　前厅迎送宾客服务实训评价表

序号	评价内容	操作内容	配分	得分
1	仪容仪表	表情：自然，面带笑容。 头发、指甲：符合要求。 妆容：女士化淡妆，不戴首饰，男士不留胡子。 工作服：整洁	10	
2	上前迎接	双目注视，面带微笑，行动迅速，注意服务礼仪	10	
3	开车门、护顶服务	左手开车门，右手护顶，协助宾客下车，轻轻关上车门	15	
4	问候宾客	标准用语：您好！欢迎光临 ×× 酒店	10	
5	询问是否需要行李服务	询问宾客是否需要行李服务，如果宾客同意，帮宾客取出行李	10	
6	引领宾客入店	如果有行李员则让行李员引领宾客进入酒店大厅；如果没有行李员，则自己引领宾客进入酒店大厅，并向前厅接待员交接迎客工作	15	
7	返回门岗	交接完毕后，为避免门岗服务空缺，应立即返回门岗	10	
8	送行服务	协助宾客装行李，为宾客开车门、护顶服务，礼貌道别宾客	10	
9	整体印象	微笑服务，服务态度良好，语言优美等	10	
总评				

随堂练习

1. 填空题

（1）请你记录迎送宾客流程以及参观中的所见所闻。

① ________ → ② ________ → ③________ →

④ ________ → ⑤ ________ → ⑥ ________ →

⑦ ________ → ⑧ ________

（2）作为酒店门童，在上岗前，需要做哪些准备工作？

____

____

____

____

____

____

____

2. 讨论交流

通过迎送宾客情景模拟，你有什么收获或者经验？能跟大家分享一下你的经验吗？

你的评价：________________________________

____

____

____

你的宝贵经验：______________________________

____

____

____

____

项目二　行 李 服 务

实训目的

（1）了解前厅行李服务的主要内容以及要求。

（2）熟练掌握前厅团队、散客行李服务的程序及标准。

（3）掌握换房行李服务的程序及要求。

（4）掌握行李寄存服务的程序及要求。

实训方法

根据行李服务程序及标准，能够按规范动作完成各项行李服务的模拟场景。学生设计服务计划方案，并进行实践操作，教师巡回指导，学生修改方案再进行展示，学生之间相互点评，最后教师进行总结点评。

实训时间

1 学时。

实训内容

一、基础知识

前厅服务的基本要求，行李服务的服务程序。

二、准备工作

了解酒店基础知识，顾客基本信息，前厅服务的工作岗位及岗位职责；熟知礼宾部、行李员工作程序及操作规则，设计行李服务的方案。

三、服务技能

（一）上岗前的准备工作

1. 仪容仪表的准备

检查自身的仪容仪表、工装是否有不妥之处。

2. 设备、工具的准备

检查行李车、行李网罩是否准备好，并检查行李房中行李是否摆放整齐，是否有足够的空余空间。

3. 了解客情

查看当日抵店客人信息，了解客人基本情况。

（二）散客行李服务

1. 散客入住行李服务

散客行李服务程序：主动迎宾；领至总台；引领入房；介绍房间；礼貌离房。

①主动迎宾：宾客的行李如果在车上，行李员应该主动上前帮助客人卸下行李；如果是客人随身携带的行李，则应征询客人的同意后，再帮助提携行李。

②领至总台：将客人引领至前台，并在客人侧后方 4 米以外等候客

人办理入住手续，并随时关注前台手续办理情况。

③引领入房：客人入住登记手续办理完毕后，行李员应当领取房卡，并将客人引领至客房。在去客房途中，行李员应当主动问候客人，可以适当介绍酒店特色以及服务项目。

④介绍房间：到达客房后，行李员应当先开房门，并检查客房是否有异常情况，再请客人进入房间，并根据客人的需求，简单介绍房间的设施、设备的使用方法。例如：不要只是介绍“这是电视”，而应该介绍电视的使用方法以及电视的收费项目等。如果客人不需要介绍房间，则礼貌道别客人，退出房间。

⑤礼貌离房：离开客房前，征询客人是否还有吩咐，如果客人没有其他要求，则礼貌向客人道别。例如：“我们随时为您服务，祝您度过美好的一天！”道别之后，后退几步，退出房间，并为客人关上房门。

2. 散客离店时行李服务程序

①站立于大门口，注意厅内客人动态。

②当接到客人收取行李指令后，应问清客人房间号码。

③按门铃，通报自己身份。

④帮助客人清点行李。

⑤若客人不在房内，请楼层服务员开启房门，取出行李核对。

⑥来到大厅，向总台收银处确认客人是否已结账。

⑦再次清点行李件数，装车。

⑧返回大厅，填写记录。

3. 团体行李服务程序

（1）团体抵店行李服务。

①领班和行李员清点行李件数，检查并填写登记单。

②如有破损，必须请行李员签字证实，并通知团队领班。

③将行李放在指定地点，标上团号，拴上行李牌，摆放整齐。

④分完房后，迅速将客人的行李送到房间。

⑤如发现行李出现差错，立即报告领班和主管。

（2）团体离店行李服务。

①接到团队行李离店的通知后，将团队号码和准确时间记清，写在交接本上并核对该团入店时填写的行李表。

②依照团号、团名及房间号码到各楼层收取行李，与客人确认行李件数。如客人不在房间，又未将行李放在房间外时，及时报告领班，尽快与领队或陪同人员联系解决。

③将所有行李运到行李部，与陪同一起检查无误后，在行李进出店登记单上签字，将表别在行李网上。

④由押运员清点行李件数，并在行李进出店登记单上签字，标记车号。

⑤由领班将填写齐全的行李进出店登记单存档。

4. 换房行李服务程序

①接到通知后，问清客人房号，并确认客人是否在房间。进房间前先敲门。

②请客人清点要搬运的行李。

③引领客人进入新换的客房。

5. 行李寄存与提取

①确认客人的身份。

②了解住客寄存行李要求。

③问清行李中是否有贵重物品或需特殊处理的物品。请客人填写行李寄存单。

④将寄存卡的上联交给客人，下联系在客人行李上，并检查行李。

⑤将寄存的行李有秩序地摆放。

⑥客人要求提取行李时，应有礼貌地向客人收取行李的提取联。

⑦将寄存联从行李上取下，检查。

⑧将行李交给客人，把寄存联的上下联存档。

四、要点提示

（1）行李员在将行李送入客房时，一定要按规范的服务程序先敲门，再进入房间。

（2）行李员在将行李放在客房行李架上，为客人介绍房间时，切记手势不能过多，介绍时间不能过长，不要让客人产生误解。

（3）行李员在迎接客人，与客人道别时都要使用礼貌用语，并且要主动为客人服务。

（4）在装卸行李的过程中，要谨记“硬件在下，软件在上；大件在下，小件在上”的原则。

（5）行李员在运送团队行李时，要注意“同团同车，同层同车，同侧同车”的原则。

五、评价表

前厅行李服务实训评价表，见表 3–2。

表 3–2　前厅行李服务实训评价表

序号	评价内容	操作内容	配分	得分
1	仪容仪表	按照酒店服务与管理要求规范着装、化淡妆	10	
2	散客行李服务	主动迎宾；领至总台；引领入房；介绍房间；礼貌离房	20	
3	团队行李服务	团队抵店行李服务：清点行李、填写行李单、栓行李牌、分送行李到客房、确认行李无误、礼貌离房。 团队离店行李服务：各楼层收行李，装运行李	30	

续表

序号	评价内容	操作内容	配分	得分
4	换房、寄存行李服务	问候客人、询问寄存要求，填写行李寄存单、检查行李、存放行李。 核对行李寄存单、提取行李、检查行李、将行李交给客人，完成登记	30	
5	整体印象	微笑服务，服务态度良好，语言优美等	10	
总评				

随堂练习

1. 填空题

（1）请你记录散客抵店行李服务程序。

① ________ → ② ________ → ③ ________ → ④ ________ → ⑤ ________ → ⑥ ________ → ⑦ ________ → ⑧ ________

（2）请你记录团体离店行李服务程序。

① ________ → ② ________ → ③ ________ → ④ ________ → ⑤ ________ → ⑥ ________ → ⑦ ________ → ⑧ ________

（3）在行李寄存与提取服务过程中，应该注意哪些事项？

____

____

项目三　礼宾部其他服务

实训目的

（1）了解前厅行李服务的主要内容以及要求。

（2）熟练掌握前厅团队、散客行李服务的程序及标准。

（3）掌握换房行李服务的程序及要求。

（4）能灵活处理其他各项行李服务。

实训方法

根据行李服务程序及标准，能够按规范动作完成各项行李服务的模拟场景。学生设计服务计划方案，并进行实践操作，教师巡回指导，学生修改方案再进行展示，学生之间相互点评，教师最后进行总结点评。

实训时间

1 学时。

实训内容

一、基础知识

前厅服务的基本要求，行李服务的服务程序。

二、准备工作

了解酒店基础知识，顾客基本信息，前厅服务的工作岗位及岗位职责；熟知礼宾部、行李员工作程序及操作规则，设计行李服务的方案。

三、服务技能

1. 上岗前的准备工作

（1）仪容仪表的准备。

检查自身的仪容仪表、工装是否有不妥之处。

（2）设备、工具的准备。

检查行李车、行李网罩是否准备好，并检查行李房中行李是否摆放整齐，是否有足够的空余空间。

（3）了解客情。

查看当日抵店客人信息，了解客人基本情况。

2. 咨询服务

咨询服务主要包括客人咨询、酒店内部咨询、店外情况咨询以及航班情况咨询，具体见表 3–3。

表 3–3　咨询内容

序号	咨询类型	咨询内容
1	客人咨询	①有关住宿旅客的询问； ②客人是否住在本酒店； ③客人房间号
2	酒店内部咨询	①餐厅、大堂吧、商场所在位置及营业时间； ②宴会、会议、展览会举办场所及时间； ③酒店提供的其他服务项目、营业时间及收费标准
3	店外情况咨询	①酒店所在城市的旅游景点及其交通情况； ②主要娱乐场所、商业区、商业机构、政府部门、高校及有关企业的位置和交通情况； ③近期内有关大型文艺、体育活动的基本情况； ④市内交通情况
4	航班情况咨询	①去机场线路及车辆； ②航班信息； ③购买机票场所

3. 留言服务

酒店受理的留言通常有两种：一是访客留言；二是住客留言。

访客留言是指来访客人对住店客人的留言。访客填写访客留言单，访客留言单一式三联。问讯员在接受访客留言后，首先应开启被访者客房的留言灯，接着将访客留言单的第一联放入邮件架，第二联送总机，第三联交信使或行李员送往客房，将留言单从房门底下塞入客房。住客留言是住店客人给来访客人的留言。住客留言单一式二联。问讯组、电话总机各保存一联。

（1）留言类型。

酒店里常见的留言可分为四类：①外来电话找不到客人，要求总机或柜台服务员代留字条；②访客到来，找不到要见的住客，亲留口信便条给前台，要求转交房客；③客人外出前留下便条给可能会来找他的朋友，以便在外互相取得联络；④酒店本身发出的通知。

（2）留言程序。

留言具体程序如下：①为客人留言，应记录房客的姓名及房号，核对清楚是否正确；②用清晰的字迹把留言内容记录下来；③把留言者的姓名及电话号码记录下来；④写上留言的时间及日期；⑤经办人签名。

（3）留言处理。

留言处理具体方法如下。①客人留言应一式三联：一联放在钥匙架上，待客人回来时马上通知客人；一联由行李员从门底派发，要是客人没有接触前台亦能收到留言；一联存案记录，并保留一周，以备必要时能够查阅。②每晚 10 时，将所有钥匙架上客人并没有取的留言单放入信封，写上房号，记录在记录本上，然后由行李员派发，于房门下推送入客房内。

4. 电梯服务

有些酒店为了显示出人情味浓的服务或为对 VIP 客人显示礼遇的规格等，仍由礼宾部派出电梯厅服务员专门为客人操纵电梯。电梯厅服务员应让宾客先进入电梯，服务人员站在电梯按牌处，按好电梯，面朝宾客，电梯到达后，让宾客先下电梯。

5. 递送转交服务

其服务的内容主要包括：客人的邮件、留言、报纸、物品、内部有关单据等的递送和转交。

6. 替客人泊车服务

客人驾驶汽车到店时，泊车管理员将车钥匙寄存牌交给宾客，礼貌地提醒宾客保管好随身携带物品，然后将宾客车辆开往停车场。车停好后，泊车管理员应当将停车地点、车位号、车牌号、车型等内容填入工作记录单。

7. 出租服务

根据预订部提供的有关通知以及预抵店宾客名单、国籍等信息，提前通知在机场等候的酒店代表和车队负责人；宾客的租车要求必须记录在出租车记录表内；每日下午或者晚上将次日凌晨宾客的用车要求通知到车队；应保证宾客出租车辆的用车需求，例如车辆准时到达等。

8. 简单的店外修理服务

当宾客提出修理箱包、手表、雨伞等此类要求时，礼宾服务人员应当询问清楚宾客的修复要求、时间以及费用等。服务人员将物品放好，及时送店外修理，应当在送修、取送过程中，做到手续清楚，费用单据齐全。

四、要点提示

（1）礼宾服务的工作内容范围大、随机性强、变化很快，所以要求服务人员竭尽全力及宾客之所急。

（2）在礼宾服务过程中，要尽可能做到规范服务，手续齐全，不要让顾客误解。

（3）礼宾服务需要服务人员有较强的协调、灵活应变能力。

五、评价表

前厅其他服务实训评价表，见表 3–4。

表 3–4　前厅其他服务实训评价表

序号	评价内容	操作内容	配分	得分
1	仪容仪表	表情：自然，面带笑容。 头发、指甲：符合要求。 妆容：女士化淡妆、不戴首饰，男士不留胡子。 工作服：整洁	10	

续表

序号	评价内容	操作内容	配分	得分
2	电梯服务	让宾客先进入电梯； 服务人员站在电梯按牌处，按好电梯，面朝宾客； 电梯到达后，让宾客先下电梯	15	
3	递送转交服务	如果是贵重物品，谢绝递送转交； 递送转交物品服务时，仔细检查物品是否有损坏； 递送转交物品服务程序规范，记录填写清楚	15	
4	替客人泊车服务	礼貌、主动地为顾客服务； 服务技能、技巧熟练； 服务程序规范，记录填写清楚	15	
5	出租服务	服务前准备工作充分，无遗漏； 服务过程中细心、周到； 服务程序规范，记录填写清楚	15	
6	简单店外修理服务	服务迅速、服务程序规范； 服务人员灵活处理，协调能力较强； 费用、单据清晰明了	15	
7	整体印象	微笑服务，服务态度良好，语言优美等	15	
总评				

随堂练习

1. 填空题

（1）请你记录电梯服务流程。

① ________ → ② ________ → ③ ________ →
④ ________ → ⑤ ________ → ⑥ ________ →
⑦ ________ → ⑧ ________

（2）在前厅其他服务中，你有什么好的建议和想法想与大家分享？

____

____

____

____

____

模块四　总 台 服 务

项目一　宾客入住服务

实训目的

（1）了解办理入住登记服务程序。

（2）掌握总台服务的程序及标准。

（3）学会处理总台接待中常见问题的处理。

实训方法

制定入住登记服务方案，能够有针对性地为贵宾解决问题，按照方案实施入住服务计划设计模拟场景，学生尝试实作，教师巡回指导，学生修改方案，并进行成果展示，学生之间相互点评，教师最后进行总结点评。

实训时间

1 学时。

实训内容

一、基础知识

前厅服务的基本要求，入住登记服务程序。

二、准备工作

了解酒店基础知识，VIP 客人、团队等的入住程序及标准，商务楼层接待程序；设计宾客入住登记服务的方案。

三、服务技能

（一）上岗前的准备工作

1. 仪容仪表的准备

认真自查仪容仪表是否符合酒店的要求。

2. 心理准备

调整好心态，确保在服务过程中热情微笑服务。

3. 物品准备

（1）检查交接班记录本，检查负责区域的设施、设备及卫生安全状况。

（2）熟悉入住登记需要的各类表格。

（3）准备好房卡。

（4）客房状况卡条。现在基本都是在计算机系统里操作。

（二）入住登记程序

（1）识别客人有无预订。

（2）形成入住登记记录。

（3）排房、定价。

（4）确定付款方式。

（5）完成入住登记手续。

（6）制作相关的表格资料。

（三）VIP客人和团队客人入住登记程序与标准

1. VIP客人入住登记程序与标准

1）大堂副理的准备工作

（1）阅读预期抵店贵宾名单，了解贵宾姓名、身份、人数、房号、抵店时间、接待规格等事项。

（2）填写车单交礼宾部。

（3）检查贵宾客房，通知管家部做好楼层迎接工作，将贵宾的用餐时间和人数通知餐饮部。视贵宾的重要程度，组织好大堂员工欢迎队伍。

2）接待处的准备工作

（1）与订房部配合，安排好贵宾入住的客房。

（2）准备好住宿登记文件夹。

（3）查看有无客人的信件及其他早到的物品，以便及时转交。

（4）迎接客人，办理入住登记手续。

（5）视贵宾身份，专人出面迎接。

（6）客人抵店时，准确使用VIP客人姓名或头衔向其问候致意，向贵宾介绍自己和在店迎接人员。

（7）引领贵宾进入房间，并对酒店和房间进行简单介绍，告知大堂副理的电话，表达愿为其服务的愿望。

（8）在客房内为客人办理登记手续并同时办理各种优惠，预祝客人住店愉快。

（9）制定表格、储存。

大堂副理在值班本上记录贵宾入住手续办理情况。将制定表格、储存信息等工作交由接待员进行完善，由接待员一并完成后续客史档案存储等工作。

2. 团队客人入住登记程序与标准

1）做好准备工作

（1）根据团体订房要求，查看房态，安排团体客房，打印团体用房分配表。

（2）准备团体客人信封。

（3）随时与管家部联系，了解房间卫生清扫状况。

（4）准备好住宿登记表、团体资料表。

2）协助团体客人登记

（1）由团体接待员（大堂副理、宾客关系主任）迎接。

（2）确认团体名称，找出订房资料，确认人数、房间数，掌握付款方式。

（3）请团体陪同人员协助团体客人填写入住登记表。

3）发放房卡

发放房卡和相关资料。

4）核对订房内容

与团体陪同人员确认房间数、房间类型、司陪床位数、餐饮安排、叫醒时间及出行时间，填写团体入住确认表。

5）确认付款方式

（1）现付：请收银员收款。

（2）转账：明确转至何单位。

6）分发行李

将标明房号的团体客名单交行李员，便于行李员分发行李。

（四）商务行政楼层接待程序

1. 客人入住服务程序

（1）当客人来到总台时，经理或主管应微笑站立起来迎接客人。

（2）将已准备好的登记表取出，请客人填写。

（3）将已准备好的欢迎信及私人信封呈交给客人，主动介绍楼层设施与服务项目。

（4）在客人左前方 1 米处领客人进房间。

2. 欢迎茶服务

（1）在客人登记入住时，商务楼层接待员将为客人提供欢迎茶。

（2）事先准备茶壶、茶杯等。称呼客人姓名，并进行自我介绍。

（3）如客人是回头客，应欢迎客人再次光临。

3. 早餐服务

（1）配合餐饮部职员在开餐前 10 分钟做好全部准备工作。

（2）根据计算机提供的住店客人名单确认用餐客人姓名。称呼客人姓名并礼貌地招呼客人。

（3）引领客人至餐桌前。

（4）将口布打开给客人。

（5）礼貌地询问客人是用茶还是咖啡。

4. 鲜花、水果服务

（1）在客人抵达前 1 个小时，检查鲜花、水果的派送情况，保证鲜花、水果的新鲜与品质。

（2）按照酒店的接待标准，在房间指定的地点摆放鲜花、水果、刀叉等，做好准备工作。

（3）做好工作记录。

5. 下午茶服务

（1）在客人抵达前 10 分钟按要求准备好下午茶台，包括茶叶、饮料和小点心等。

微笑引领客人入座，并询问房号，请客人随意饮用。

（2）注意观察，客人杯中茶水或饮料不足1/3时，要及时询问客人是否续杯，并将用过的饮具撤走。

（3）在下午茶结束前5分钟，通知客人免费服务即将结束。

（4）客人离开时表示感谢，并与客人礼貌道别。

（5）做好工作记录。

6. 退房结账服务

（1）提前一天确认客人结账日期和时间。

（2）询问客人结账相关事宜，如在何地结账、用何种付款方式、行李数量、是否代订交通工具，并及时检查酒水。

（3）将装有客人账单明细的信封交给客人；请客人在账单上签字，将第一联呈交客人；询问客人结账方式，如果是网络订单，那么在网络平台支付，如果是银行卡或现金结账，可以引领客人至前台结账。

（4）通知行李员取行李，代订出租车。

（5）询问是否需要做“返回预订”。

（6）感谢客人入住并与之礼貌告别。

（五）总台接待中常见问题的处理

（1）客人不愿翔实登记。

在入住登记过程中，如果有客人由于怕麻烦、出于保密或者为了显示自己的身份和地位，不愿意翔实登记或有些项目不愿填写，前台接待人员应该如何处理？

①耐心细致地向客人解释填写住宿登记表的必要性。

②如果客人由于怕麻烦或者填写有困难，服务人员可以代其填写，最后要求客人签字确认即可。

③如果客人出于某种顾虑，怕被打扰，则可告诉客人，酒店计算机系统有请勿打扰功能，并保证客人不会被打扰。

④如果客人为了显示其身份地位，酒店应该为其改进服务，满足客人的要求。

（2）如果客人入住房间时，发现房间已被占用。

这一种情况也被称为“开重房”，是前厅部工作的重大失误，此时，应该立即向客人道歉，承认属于工作失误，必要时为客人提供补偿。

四、要点提示

（1）在排房时要注意顺序，一般情况下按照如下顺序进行排房：

①团体客人；② VIP 客人和常客；③已付订金的有预订客人；④要求延期离店的客人；⑤普通预订客人；⑥无预订的散客。

（2）排房时要注意方法，例如在排房时要注意：团体客人相对集中一些；内宾、外宾分开；残疾人、老人、小孩靠近电梯；满足常客和有特殊要求的客人；敌对国家客人分开；注意房号忌讳。

五、评价表

前厅入住登记服务实训评价表，见表 4–1。

表 4–1　前厅入住登记服务实训评价表

序号	评价内容	操作内容	配分	得分
1	仪容仪表	表情：自然，面带笑容。 头发、指甲：符合要求。 妆容：女士化淡妆、不戴首饰；男士不留胡子。 工作服：整洁	10	
2	识别客人有无预订	问询客人是否有预订； 如果有预订就按照入住登记手续办理； 无预订则询问客人的住房需求，并按入住登记程序办理	10	
3	填写入住登记记录	填写入住登记表，注意不要遗漏信息	15	

续表

序号	评价内容	操作内容	配分	得分
4	排房、定价	按照酒店相关规定，进行排房、定价； 排房时注意不要发生重排、错排； 掌握一定的报价策略	15	
5	确定付款方式	询问客人付款方式； 注意押金等办理事项，并向客人解释清楚	15	
6	完成入住登记手续	完成入住登记； 请客人签字确认入住登记； 归还客人相关的证件、银行卡等	15	
7	制作相关的表格资料	制作入住登记信息、客史档案等资料	10	
8	整体印象	微笑服务，服务态度良好，语言优美等	10	
总评				

随堂练习

1. 填空题

（1）请你记录办理宾客入住登记程序。

① ________ → ② ________ → ③ ________ →

④ ________ → ⑤ ________ → ⑥ ________ →

⑦ ________ ⟶ ⑧ ________

（2）在前厅接待服务过程中，如果遇到故意刁难的客人，你会怎么处理？

____

____

____

____

____

（3）在前厅接待服务过程中，你认为服务员必须具备哪些素质？为什么？

____

____

____

____

____

____

项目二　入住变更服务

实训目的

（1）了解办理入住变更服务程序。
（2）灵活掌握入住变更服务标准。
（3）学会处理入住变更服务中常见问题。

实训方法

熟悉入住变更服务程序，能够有针对性地为宾客解决问题。按照入住变更服务程序制订服务计划并设计模拟场景、学生尝试实作。教师巡回指导学生修改方案，并进行成果展示，学生之间相互点评，教师最后进行总结点评。

实训时间

1 学时。

实训内容

一、基础知识

前厅服务的基本要求，入住变更服务程序。

二、准备工作

了解酒店基础知识；VIP 客人、团队等的入住程序及标准；商务楼层接待程序；设计宾客入住变更服务的方案。

三、服务技能

1. 上岗前的准备工作

（1）仪容仪表的准备。

认真自查仪容仪表是否符合酒店的要求。

（2）心理准备。

调整好心态，确保在服务过程中热情微笑服务。

（3）物品准备。

①检查交接班记录本，检查负责区域的设施、设备及卫生安全状况。

②熟悉入住登记需要的各类表格。

③准备好房卡。

④客房状况卡条。现在基本都是在计算机系统里操作。

2. 换房程序

调换房间往往有两种可能：一种是住客主动提出的；另一种是酒店的要求。换房往往会给客人或酒店带来麻烦，故必须慎重处理。需要注意的是，在搬运客人私人物品时，除非经客人授权，应坚持两人以上在场。

换房服务程序：弄清意愿 ⟶ 介绍新客房，确定时间 ⟶ 填写换房通知单 ⟶ 更改修订其原有资料 ⟶ 记录在档案中。

3. 离店日期变更

客人在住店过程中，因情况变化，可能会要求提前离店或推迟离店。客人提前离店时，应通知客房预订处修改预订记录，并将此信息通知客房部，尽快清扫整理客房。

四、要点提示

（1）如果客人提出换房要求，服务员首先要了解客人换房的原因，如果因为酒店服务原因使顾客不满意，服务人员要进行道歉，并采取补救措施。

（2）客人提出换房要求，服务人员应该尽可能满足顾客的合理需求。

（3）如果客人提前离店，服务人员应该第一时间通知到客房部，让客房部打扫好卫生，以便再次出租。如果客人推迟离店，服务人员要尽快进行核对确认，是否可以满足客人的需求。

五、评价表

入住变更服务实训评价表，见表 4–2。

表 4–2　入住变更服务实训评价表

序号	评价内容	操作内容	配分	得分
1	仪容仪表	表情：自然，面带笑容。 头发、指甲：符合要求。 妆容：女士化淡妆、不戴首饰；男士不留胡子。 工作服：整洁	20	

续表

序号	评价内容	操作内容	配分	得分
2	换房服务	弄清楚原因； 介绍新客房、确定时间； 填写换房通知单； 更改系统里的资料； 记录在案	30	
3	离店日期变更服务	确定新的离店日期； 更改系统里的资料； 通知客房部； 做好记录	30	
4	整体印象	微笑服务，服务态度良好，语言优美等	20	
总评				

随堂练习

1. 填空题

（1）请你记录换房服务程序。

①__________ → ②__________ → ③__________ → ④__________ → ⑤__________

2. 如果客人临时通知要推迟离店，但是酒店已经爆满，无法满足客人的需求，你应该怎么处理？

____

____

____

3. 客人住店期间，在客房里发现蟑螂，要求换房，作为服务人员，你应该如何处理？

____

____

____

____

____

____

项目三 问讯服务

实训目的

（1）了解问讯服务程序。

（2）灵活掌握问讯服务标准。

（3）学会处理问讯服务中常见问题的处理。

实训方法

熟悉问讯服务程序，能够熟悉当地旅游景点、交通、购票等基础信息。按照问讯服务程序制订服务计划，并设计模拟场景、学生尝试实作。教师巡回指导学生修改方案，并进行成果展示，学生之间相互点评，教师最后进行总结点评。

实训时间

1学时。

实训内容

一、基础知识

前厅服务的基本要求；问讯服务程序；当地旅游景点、交通、购票等基础知识。

二、准备工作

了解酒店基础知识、当日入住宾客的基本信息；设计宾客问讯服务的计划。

三、服务技能

1. 上岗前的准备工作

（1）仪容仪表的准备。

认真自查仪容仪表是否符合酒店的要求。

（2）心理准备。

调整好心态，确保在服务过程中热情微笑服务。

（3）物品准备。

①检查交接班记录本，检查负责区域的设施、设备及卫生安全状况。

②熟悉入住登记需要的各类表格。

③准备好房卡。

④客房状况卡条。现在基本都是在计算机系统里操作。

2. 问讯

（1）有关酒店内部情况的介绍。

有关酒店内部情况的介绍，通常涉及酒店营业场所的服务信息，尤其是正在进行的营业推广、促销活动的信息，例如：餐厅、酒店特色等。

（2）有关酒店外部情况的介绍

外部情况通常涉及酒店所在城市的旅游景点及其交通情况，酒店所在地的主要娱乐场所、商业中心、政府部门等情况。

（3）有关住客查询

有关住客查询是来访住客问讯的主要内容之一，通常应该在不触及客人隐私的范围内进行回答。

3. 留言服务

前台问讯处受理的留言服务主要有访客留言和住客留言两种。

（1）访客留言

访客留言是指来访客人对住店客人的留言。具有一定的时效性，为确保留言单传递速度，有些酒店规定问讯员每隔一小时与客房联系一次。

（2）住客留言

住客留言是住店客人给来访客人的留言。为了确保留言内容的准确性，尤其在受理电话留言时，应注意掌握留言要点，做好记录，并向对方重复一遍，以得到对方确认。

4. 邮件的受理

前厅问讯处所提供的邮件服务包括两类：一类是分拣和派送收进的邮包；另一类是代售邮票及为住客发邮件。在工作当中，问讯员必须耐心、认真，其服务程序如下。

（1）在收到的客人邮件、信函上标注时间并分类。

（2）按邮件、信函上收件人姓名查找房号，然后按照其房号注明。

（3）客人得到信息后前来取邮件，问讯员应在其相应的登记表中标记，并让客人签字确认。

（4）客人取走邮件后，问讯员应立即撤掉原先放入钥匙格内的“留言单”。

（5）若在住客中找不到收件人，问讯员应查阅名单和预订记录，查看客人是否抵店。

5. 客用钥匙的管理

在使用传统客房钥匙的酒店，住客的客房钥匙统一归前厅部问讯处发放和管理。不仅安全性高，同时也有利于总台的客房销售。其服务程序为：

（1）住客凭有效房卡取客用钥匙；

（2）对于 VIP 客人、常客、长住客，可直接将钥匙交给客人。若两位客人同住在一个房间，也应只发放一把钥匙。

随着科学技术的发展，传统锁已逐渐被各种新型锁取代。

四、要点提示

（1）前厅服务员工作内容细小烦琐，要求服务人员必须耐心、细致、周到。

（2）客人问讯服务涉及的内容很广，要求服务人员必须具备一定的知识储备，如果客人询问的内容服务人员不知道，服务人员也不能对客人不理不睬，要尽量想办法为客人解决问题。

（3）前厅服务人员需要具有灵活的应变能力，遇事要沉着冷静，不要惹怒顾客，始终谨记服务原则。

五、评价表

问讯服务实训评价表，见表 4–3。

表 4-3　问讯服务实训评价表

序号	评价内容	操作内容	配分	得分
1	仪容仪表	表情：自然，面带笑容。 头发、指甲：符合要求。 妆容：女士化淡妆、不戴首饰；男士不留胡子。 工作服：整洁	10	
2	问讯服务	流利介绍酒店设备、服务项目等基础信息； 熟悉当地交通、旅游、美食等基础知识； 注意住店客人信息的保密	20	
3	留言服务	访客留言：注意及时通知客人。 住客留言：做好记录，不要失误	20	
4	邮件处理服务	按时、按要求收取邮件，并按顾客要求及时投递邮件； 第一时间分发邮件，并请客人确认签收	20	
5	客用钥匙管理	注意确认客人身份； 注意客人信息的保密； 灵活应对突发情况	20	
6	整体印象	微笑服务，服务态度良好，语言优美等	10	
总评				

随堂练习

1. 填空题

（1）请你记录邮件处理服务流程。

①________ → ②________ → ③________ →

④________ → ⑤________

（2）在前厅其他服务中，你有什么好的意见和想法想与大家分享？

____

____

____

____

____

____

（3）如果有客人咨询一些违反我国法律规定的事务，前厅服务人员应该怎样回答客人。

____

____

____

____

____

____

项目四　宾客退房服务

实训目的

（1）了解宾客退房服务程序。

（2）掌握总台服务的程序及标准。

（3）学会处理退房服务中常见问题的处理。

实训方法

制定退房服务方案，能够有针对性地为宾客解决问题，按照方案实施退房服务计划，设计模拟场景，学生尝试实作，教师巡回指导学生修改方案，并进行成果展示，学生之间相互点评，教师最后进行总结点评。

实训时间

1 学时。

实训内容

一、基础知识

前厅服务的基本要求，退房服务程序。

二、准备工作

了解酒店前厅服务的基础知识；VIP 客人、团队等的入住程序及标准；商务楼层接待程序；设计宾客退房服务的方案。

三、服务技能

1. 上岗前的准备工作

（1）仪容仪表的准备。

认真自查仪容仪表是否符合酒店的要求。

（2）心理准备。

调整好心态，确保在服务过程中热情微笑服务。

（3）物品准备。

①检查交接班记录本，检查负责区域的设施、设备及卫生安全状况。

②熟悉入住登记需要的各类表格。

③准备好房卡。

④客房状况卡条。现在基本都是在计算机系统里操作。

2. 退房服务流程

（1）站位、待客、问候客人。

①站位接待客人，当客人走向前台 3 米左右时，眼睛注视客人。②当客人走到前台 1 米左右，应该使用服务用语主动问候客人。

（2）收取房卡、押金条。

①当客人确定退房后，收取客人房卡、押金单，核对计算机中的备注信息和押金条是否一致。

②用对讲机安排相应楼层查房（如有损坏赔偿，楼层服务员应当电话报前台）。

③客房服务员用电话报房间消费后，前厅服务员录入计算机后与客人进行核对，如果是团体客人，房费由团队导游或者领队来付，而房间内的消费，例如小酒吧饮品、电视收费节目等应该由住客自己承担。

（3）报查房。

前厅服务员应该第一时间报客房服务员查房，并且报自己的工号，避免中间出现信息错误。客房服务员查房应该在3分钟之内完成，不能让顾客等候太久。

（4）单据核对，查房核对。

如果顾客有消费，前厅服务员应该请客人仔细核对明细。如果客房发现有损坏、丢失物品等情况，服务人员应该委婉提醒客人，不能让客人尴尬。

（5）结账、找零核对。

前厅服务员用计算机操作结账找零，再次核对是否有折扣。

（6）恭送客人。

前厅服务员使用恰当的服务用语恭送客人。

（7）单据保存。

前厅服务员将开房单、押金单、结账单进行装订。

3. 特殊情况处理

（1）逾时离店。如果客房不是很紧张，尽量满足客人的需求，但是要跟客人解释酒店的规定，相关的费用也要跟客人解释清楚。

（2）客人在退房结账时才提出要优惠折扣。尽量满足客人的需求，超过服务人员权限的可以请示上级领导。如果不能满足客人需求，要向客人耐心解释。

（3）住店客人的欠款不断增加。要提前通知客人，委婉的提醒客人续费。

（4）当住客的账单由其他住客支付时，为防止发生遗漏，前厅服务员通常应该在交接记录上注明，并在这两位客人账单上附上纸条，以免忘记。

四、要点提示

（1）退房时间 12:00，催房必须提前半小时给客人房间打电话，无人接听需给开房人打移动电话。当无法联系到开房人，直到计算机跳费完毕时，通知相应楼层服务人员进行敲门确认，如无人应答，服务员打开房门查看是否有行李，无行李直接退房；有行李继续跳费，用行李做担保房费。

五、评价表

宾客退房服务实训评价表，见表 4–4。

表 4–4　宾客退房服务实训评价表

序号	评价内容	操作内容	配分	得分
1	仪容仪表	表情：自然，面带笑容。 头发、指甲：符合要求。 妆容：女士化淡妆、不戴首饰；男士不留胡子。 工作服：整洁	10	
2	站位、待客、问候客人	当客人距前台 3 米左右，目光注视客人； 当客人距前台 1 米左右，礼貌问候客人	20	
3	收取房卡、押金条	当客人要求退房时，收取房卡、押金条等； 报楼层客房服务员查房； 按照查房结果办理退房手续	10	

续表

序号	评价内容	操作内容	配分	得分
4	报查房	迅速报查房； 自报工号； 仔细核对查房结果	15	
5	单据核对，查房核对	请客人核对账单； 如果实际消费与账单不符，应该尽快核实； 灵活处理问题，尊重顾客	10	
6	结账、找零核对	认真仔细办理结账、找零； 请客人签字确认； 灵活处理突发问题，尊重顾客	10	
7	恭送客人	礼貌送别顾客； 微笑服务； 给顾客留下好的印象	10	
8	保存单据	做好单据的存储； 做好客史档案记录	5	
9	整体印象	微笑服务，服务态度良好，语言优美等	10	
总评				

随堂练习

1. 填空题

（1）请你记录退房服务流程。

① ________ → ② ________ → ③ ________ →

④ ________ → ⑤ ________ → ⑥ ________ →

⑦ ________ → ⑧ ________ → ⑨ ________ →

⑩ ________

（2）通过退房服务情景模拟，你有什么经验和收获？与大家分享一下吧。

____

____

____

____

____

（3）在客人退房客房服务员查房时，发现客房少了一套浴衣，作为前厅服务员，你会怎么处理？

____

____

____

____

____

模块五　商务中心服务

项目一　总 机 服 务

实训目的

（1）了解总机服务的业务范围。
（2）明确总机服务员的岗位职责。
（3）掌握总机服务的工作流程。

实训方法

制定总机服务方案，能够有针对性地为宾客解决问题，按照方案实施总机服务计划，设计模拟场景，学生尝试实作，老师巡回指导，学生修改方案，成果展示，学生之间相互点评，教师进行总结点评。

实训时间

2 学时。

实训内容

一、基础知识

总机服务的业务范围、总机服务的要求、总机服务工作流程。

二、准备工作

了解总机的基础知识，总机服务人员的素质要求，总机服务岗位工作流程与操作要求。

三、服务技能

（一）总机服务的业务范围

总机服务的业务范围如图 5–1 所示。

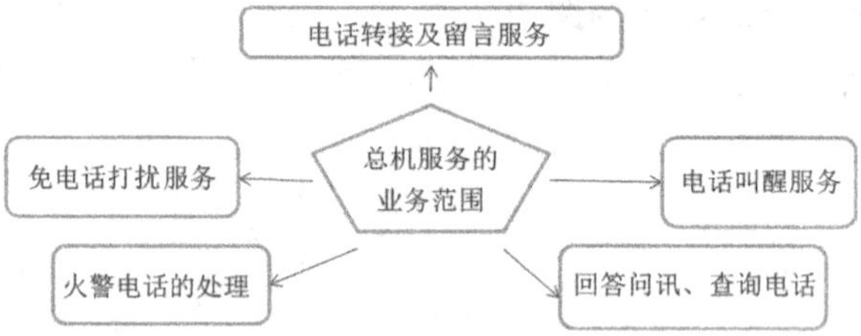

图 5–1　总机服务的业务范围

（二）总机服务的要求

1. 总机服务人员的素质要求

根据总机服务工作的特点，酒店总机服务人员必须具备以下素质：

（1）口齿清晰，声音甜美，耳、喉部无慢性疾病；

（2）听写迅速，反应快；

（3）工作认真，记忆力强；

（4）有较强的英语听说能力，能用英语为客人提供话务服务；

（5）熟悉计算机操作，打字熟练；

（6）掌握旅游景点及娱乐等方面的知识和信息；

（7）有很强的信息沟通能力。

2. 总机服务的基本要求

（1）总机服务人员必须在总机铃响 3 声之内应答电话。

（2）总机服务人员应答电话时，必须礼貌、友善、愉快且面带微笑。

（3）接到电话时，首先用中英文熟练准确地自报家门，并自然亲切地使用问候语。

（4）总机服务人员遇到无法解答的问题时，要将电话转交领班、主管处理。

（5）总机服务人员与客人通话时，声音必须清晰、亲切、自然，甜美，音调适中，语速正常。

（6）总机服务人员应能够辨别主要管理人员的声音，接到他们的来电后，总机服务人员须给予恰当的尊称。

（7）为客人提供电话转接服务时，转接之后，如对方无人接听，铃响半分钟（5 声）后，必须向客人说明："对不起，电话无人接听，请问您是否需要留言？"

（8）为了能迅速、高效地转接电话，总机服务人员必须熟悉本酒店的组织结构，各部门的职责范围、服务项目及电话号码，掌握最新的、正确的住客资料。

（9）如遇查询客人房间的电话，在前台电话均占线的情况下，总机服务人员通过计算机为客人查询。

（三）总机服务岗位工作流程与操作要求

1. 总机服务岗位工作流程（见图 5–2）

准时到岗，进行交接班。交接工作时必须向上一班人员了解清楚叫醒服务情况、电话转接情况及客人的其他特殊要求
↓
阅读“交接班记录”并签名
↓
了解当天天气情况
↓
了解当天酒店的 VIP 客人情况，熟悉他们的姓名及房号
↓
开展正常话务工作
↓
注意接班后的叫醒服务
↓
进行交接班，向接班人员交接清楚 VIP 客人情况、通信情况及叫醒情况

图 5–2　总机服务岗位工作流程

2. 总机服务岗位操作要求

（1）电话转接及留言服务程序（见图 5-3）。

向来电者热情问好后，认真聆听客人讲话再转接，并说"请稍等"，如果客人需要其他咨询、留言等服务，应对客人说："请稍等，我帮您接通某部门。"
↓
在等候转接时，为客人播放悦耳的音乐
↓
接转之后，如果对方无人接听，总机服务人员应在铃响五次之后向客人说明："对不起，电话无人接听，请问您是否需要留言？"若需要留言，则将电话转至前厅问讯处。 若是给酒店管理人员的留言，则由总机服务人员清楚地记录下来，通过寻呼或其他方式尽快将留言转达给有关人员

图 5-3　电话转接及留言服务程序

（2）回答咨询及查询服务。

①如果客人查询的是常用电话号码，总机服务人员须以最快的速度对答，体现工作效率。因此总机服务人员平日应熟记常用的电话号码。

②如果客人查询的是非常用电话号码，总机服务人员需请客人稍等，保留线路，以最有效的方式为客人查询号码。在确认号码正确无误后，再及时通知客人。如果所要求查询的号码比较难查，则应请客人留下电话号码，等查清后再主动与客人联系，将号码告诉客人。

③如果来电是查询客人房间的电话，总机服务人员务必要注意为客人保密，不能泄露住客的房号，应先接通，然后让客人直接与来电人通话。

（3）"免电话打扰"服务。

①总机服务人员要将所有提出免电话打扰服务要求的客人的姓名、房号记录在交接班本上，并注明接到此通知的时间。

②总机服务人员将这些客人房间的电话号码通过话务台锁上，并要及时准确地把这一信息通知给所有的当班人员。

③客人取消了免打扰服务后，接到通知的总机服务人员应立即通过话务台释放被锁住的电话号码，并在交接班本上注明取消的时间。

④在客人接受免打扰服务期间，若有人来电要求与客人通话联系，总机服务人员应将客人不愿意被打扰的信息礼貌地告知来电者，并建议其留言或是等客人取消免打扰服务之后再进行联系。

（4）叫醒服务。

对每一个来自酒店内部客人的叫醒服务申请，总机服务人员都要进行确认。

①将叫醒日期、房号、时间、总机服务人员工号及收到申请的时间都清楚地记录在记录本上，并把信息输入计算机，检查是否正确。

②夜班的总机服务人员把叫醒记录按时间顺序整理记录在交接班本上，注明相关信息并签字。

③当班的总机服务人员务必在当日的最早叫醒时间之前先检查叫醒机是否工作正常，一旦发现问题，应及时通知相关部门进行处理。

④总机服务人员务必在客人要求的时间准时叫醒客人，向客人亲切问好，并提醒其叫醒时间已到。

⑤在提供叫醒服务时，总机服务人员一旦发现有异常情况，要及时通知有关部门，并准确记录在交接班本上。

四、要点提示

（1）总机服务员在接听电话时，应该口齿清晰，声音甜美，听写迅速，反应快。

（2）总机服务员在电话铃响 3 声以内要接起电话。

（3）接转电话时，如果无人接听，总机服务人员应在铃响 5 次之后向客人致歉。

（4）总机服务人员应当熟记常用电话号码。

（5）总机服务员要注意保护客人的隐私，不要泄漏客人的房间号。

（6）如果住客开启了免打扰服务，客人可以建议访客留言。

（7）每一个申请叫醒服务的客人，服务人员都要与客人确认。

（8）叫醒服务如果发生意外，服务人员一定要第一时间通知上级领导。

五、评价表

电话转接服务。

表 5-1　电话转接服务实训评价表

序号	评价内容	操作内容	配分	得分
1	仪容仪表	站立标准，行为规范，举止大方； 头发、指甲符合行业要求； 女士化淡妆、不戴首饰，男士不留胡子； 制服保持笔挺，整洁干净，不可有皱褶； 保持良好的面部表情	10	
2	电话转接的程序	向来电者热情问好； 认真聆听客人讲话再转接，并说“请稍等”（为客人播放悦耳的音乐） 接转之后，如果对方无人接听，总机服务人员应在铃响 5 次之后向客人说明	30	
3	电话转接的注意事项	如果客人需要其他咨询、留言等服务，应对客人说：“请稍等，我帮您接通某部门。” 若需要留言，则将电话转至前厅问讯处 若是给酒店管理人员的留言，则由总机服务人员清楚地记录下来，通过寻呼或其他方式尽快将留言转达给有关人员	20	

续表

序号	评价内容	操作内容	配分	得分
4	处理占线电话转接	先向客人致歉； 询问客人是否继续等待； 耐心解释并再次尝试转接	15	
5	特殊电话转接的灵活处理	注意确认客人身份； 注意客人信息的保密； 灵活应对突发情况	15	
6	整体印象	微笑服务，服务态度良好； 沟通协调能力； 能根据情境演变的脉络，洞察并解决问题	10	
总评				

随堂练习

1. 选择题

（1）当客人要求“免电话打扰”服务时，必须记录客人的（　　）。

A. 姓名　　B. 房号

C. 具体服务时间　　D. 退房时间

（2）对客人进行“人工叫醒”服务时，若客房内无人应答，应（　　）分钟后再叫一次。

A. 1 分钟　　B. 3 分钟

C. 5 分钟　　D. 10 分钟

2. 情景模拟

友好酒店的总机话务员小陈正在接听陆先生打来的电话，对方要找 1602 房间的常先生，可是常先生做了保密入住。如果你是话务员，将如何应对呢?

项目二　商务中心服务

实训目的

（1）了解商务中心的设置与要求。

（2）明确商务中心服务的内容。

（3）掌握商务中心的服务程序。

实训方法

制定商务中心服务方案，能够有针对性地为宾客解决问题，按照方案实施商务中心服务计划，设计模拟场景，学生尝试实作，教师巡回指导，学生修改方案，并进行成果展示，学生之间相互点评，教师最后进行总结点评。

实训时间

2 学时。

实训内容

一、基础知识

商务中心的设置与要求，商务中心的服务内容，商务中心的服务程序。

二、准备工作

了解商务中心的设置与要求；明确商务中心职能在酒店中的发展趋势。

三、服务技能

（一）商务中心的设置与要求

1. 商务中心的设置

商务中心一般设置在酒店大堂客人前往方便的地方，并有明显的指示标记牌，是前厅服务的重要组成部分，是商务客人“办公室外的办公室”。

2. 商务中心的要求

（1）环境要求。

商务中心的环境应该具有安静、隔音、优雅、舒适、干净的特点，根据服务项目合理布局，设计周全。

（2）人员素质要求。

商务中心的工作人员应该具有专业的服务技能和优秀的服务意识。对商务中心的工作人员，要加强服务意识和各种服务项目专业技能的培养，同时还应要求其掌握英语知识、商务信息知识、秘书工作知识及机器设备的良好使用和清洁保养知识。

（二）商务中心服务

1. 翻译、秘书服务

翻译、秘书服务包括中英文打字服务，视客人的要求安排秘书、多国语言翻译及口译服务。

2. 会议厅租用服务

商务中心拥有配备先进的视听设施的会议室可供客人租用。

3. 办公室设备租用服务

商务中心提供台式电脑、手提电脑、传真机、投影仪及其他商务设备的租用，均可按小时或日使用计费。

4. 印刷服务

商务中心可提供名片及其他小型印刷品的印刷服务。

5. 传真、快递及邮寄服务

商务中心可为客人办理收发传真、快递等业务。

6. 代订车、船、机票等

商务中心员工应与航空公司、火车站等交通部门保持良好的关系，熟知各种类型的票价及收费标准，为客人代订机票、火车票、船票等。有些酒店还与旅行社合作，为客人提供旅游产品的预订。

7. 商务阅读服务

商务中心可提供贸易期刊和当前本地及国际报纸杂志，使客人在旅途中也能随时掌握世界经济发展现状。

（三）商务中心服务的程序

1. 打字、印刷服务程序（见图 5-4）

2. 传真服务

（1）接客人待发的传真时，需看清要求和所发往的地区及电话号码。向客人说明价格，并准确做好收费走单工作。

主动热情迎接客人，并介绍收费标准

↓

接过客人原稿文件，了解客人要求及特殊格式的安排；浏览原稿，看是否有看不清楚的地方或字符：同时告知客人大概完成的时间

↓

文件打出后，必须请客人校对。如有问题，修改后，再校对一遍（每个文件都要询问客人是否存盘及保留时间，如不要求保留，则删除）

↓

将打好的文件交给客人，根据打字张数为客人开单收费，请客人签字后，将账单转前厅收银处

↓

填写“商务中心日复印、打字报表”

图 5–4　打字、印刷服务程序

（2）待送的电传、传真必须及时准确地送交客人，一时找不到客人的立即请求酒店其他部门帮助查询，查到后做好记录，及时按查到的位置送交客人。

（3）发传真或电传时，要认真负责，熟悉所有地区的号码。对于找不到收件人的疑难来件，应请示上级，妥善处理。

（4）传真服务程序，如图 5-5 所示。

主动热情地接待客人，接过客人拟好的稿件，问明发往的国家和地区
↓
仔细阅读客人所要发送的稿件，查看是否有不清楚的地方
↓
传真发出之后，将成功发出报告单及原件一同交给客人
↓
按照有关规定计算传真费，请客人付款或签单，并将传真号码及发送所用的时间在账单上注明，然后把账单送到前厅收银处
↓
因为线路不通等各种原因暂时发不出传真时，应该向客人道歉并解释。另外，如果客人不是很急，可以请其先签单回房，等发出之后再通知客人
↓
填写“日发送传真报表”

图 5-5　传真服务程序

3. 复印服务程序（见图 5–6）

接过客人的复印原件，按客人的要求，选择纸张的规格、复印张数及深浅程度

↓

将复印原件在复印机平面上放好位置，检查纸张是否准备好，按动复印键。需进行放大或缩小的复印，按比例调整好尺寸，查看第一张复印效果，如无问题，即可连续复印

↓

复印完毕，取出复印原件交给客人，如原件是若干张，不要将顺序搞乱

↓

问明客人是否要装订文件，替客人装订

↓

根据复印张数和规格，开立账单。如客人要挂账，请客人出示房卡、并签字

↓

账单一式三联，开好后，将二、三联撕下，第二联交财务结账处，第三联交给客人，如客人不要，立即碎掉。如客人要求开发票，将发票第二联交给客人，第三联需同账单的第二联一起交给前厅收银处

↓

把账单号码、房号、金额、付款方式分项填在“商务中心日复印、打字报表”上

图 5–6　复印服务程序

4. 机票代购服务程序（见图 5–7）

主动帮助客人购买机票，国内客人需提供身份证或身份证复印件，未满 18 周岁的客人应提供户口本或身份证，国外客人应出示护照

↓

请客人填写委托单，写清客人要订的航班、到达地点、所乘的仓位（头等、公务、普通）

↓

如预订国际航段机票，需有客人的英文名字或中文名字的汉语拼音，特别要注意港澳台地区人士中文名字的汉语拼音写法

↓

客人须交足机票预订金。国际或国内预订机票，需提前 4 天预订，否则不予以保证

↓

机票出票后，立即通知客人或送票到客人房间

图 5–7　机票代购服务程序

四、要点提示

（1）在接受客人打印、复印、传真等服务要求时，一定要问清楚客人的要求。

（2）按照酒店规定，将相关服务账单报到前台。

（3）服务结束要存储好相关的单据。

（4）如果当时不能完成客人的要求，在完成服务时，要第一时间通知客人。

五、评价表

商务中心实训评价表，见表 5-2。

表 5-2　商务中心服务实训评价表

序号	评价内容	操作内容	配分	得分
1	仪容仪表	站立标准，行为规范，举止大方； 头发、指甲符合行业要求； 女士化淡妆、不戴首饰，男士不留胡子； 制服保持笔挺，整洁干净，不可有皱褶； 保持良好的面部表情	10	
2	分类整理传真	查看系统（核对收件人的身份）； 做好相关记录（客人姓名、房号、传真页数、日期、时间、收送传真的员工姓名及备注）	25	
3	填写传真回执单	将传真第 1 页和回执单发回给发送者，如有不清楚的页，需告知发送者	15	
4	重新接收传真并做好相关记录	将传真放入信封，写明接收者的姓名和房号，在信封右上角标注：接收传真并注明页数	15	
5	通知礼宾员送传真	礼宾员在系统中核对传真信封上的客人姓名和房号是否一致，并在递送报表上签字； 到达楼层后，再次确认房号与信封上的房号一致； 按要求按门铃并报出部门； 将传真交给客人并礼貌道别； 回到服务中心，在递送报表上记录返回时间	25	

续表

序号	评价内容	操作内容	配分	得分
6	整体印象	微笑服务，服务态度良好； 沟通协调能力； 能根据情境演变的脉络，洞察并解决问题	10	
总评				

随堂练习

1. 选择题

（1）以下属于商务中心环境要求的是（　　）。

A. 安静　　B. 隔音

C. 优雅　　D. 舒适

（2）打印服务中，文件打出后应请（　　）校队。

A. 客人　　B. 文员

C. 大堂经理　　D. 礼宾员

2. 情景模拟

2 月 12 日 16:30，商务中心收到一份北京仟佰公司传给 1508 号房间赵先生的 3 页传真，但是最后一张纸上有 5 行字看不清。如果你是商务中心的文员，将如何处理？

3. 将下列服务程序补充完整

（1）接到客人复印要求 → ________ → ________ → ________ → ________ → ________ → ________ → ________

（2）主动热情地接待客人，接过客人拟好的稿件，问明发往的国家和地区 → ________ → ________ → ________ → ________ → ________

（3）主动帮助客人购买机票 → ________________ → ________________ → ________________ → ________________

模块六　前 厅 销 售

项目一　客 房 销 售

实训目的

（1）了解前厅销售的内容，熟悉客房销售程序，掌握客房销售技巧和防止客人逃账的有效措施。

（2）根据客房销售程序对客房进行有针对性的销售，提高销售能力。

（3）树立规范化、程序化、标准化服务意识，同时通过学习让学生具备较强的前厅销售、前厅推销的意识。

实训方法

制定客房销售方案，能够有针对性地为宾客解决问题，按照方案实施客房销售计划，设计模拟场景，学生尝试实作，教师巡回指导，学生修改方案，并进行成果展示，学生之间相互点评，教师最终进行总结点评。

实训时间

2学时。

实训内容

一、基础知识

前厅销售内容，客房销售程序，酒店客房类型、数量、布局等。

二、准备工作

了解前厅销售工作程序，明确前厅销售的工作规范与要求。

三、服务技能

（一）前厅销售内容

（1）酒店的地理位置：酒店所处区域的交通便利程度、周围环境等。

（2）酒店的设施设备：前厅服务人员应掌握酒店所拥有的设施设备及其有别于其他酒店的特点。

（3）酒店的服务：是酒店销售产品中最为重要的部分，且是无形的。

（4）酒店的形象：是最具有影响的活广告，包括酒店的历史、知名度、信誉、口碑、独特的经营作风、优质的服务等。

（5）酒店的气氛：是客人对酒店的一种感受。前厅部人员要努力销售其独具特色的酒店氛围。

☆思考：好的销售人员可以让客人获得满意的心理体验过程，那么客房的销售过程应该遵循怎样的程序？什么是优质、高效的服务呢？

（二）客房销售程序

1. 把握特点

充分了解酒店目标市场的客人类型及其需求，有效利用已建立的客史档案资料，把握客人的需求特点，采取针对性、个性化的销售方法。

2. 介绍客房

根据客人的不同特点介绍酒店客房及其价值，应注意察言观色，生动描述客房的特色，给予客人便利的条件以及各种附加的心理方面的满足，减弱客房价格的分量（准确描述客房的前提是把握客房的特点）。

3. 洽谈价格

让客人认同客房的价值，并解答客人的关键问题后，有技巧的与客人洽谈价格，避免硬性推销或急于报出价格。

4. 展示客房

若客人仍有疑虑，可将客房宣传册或图片展示给客人。必要时，可带领客人实地参观不同类型的客房，由高到低依次进行展示。

5. 促成购买

在观察到客人对所推荐的客房发生兴趣时，前厅服务人员应倍加努力，采取有策略的语言和行为，促成客人做出最终选择。

☆思考：怎样才能让我们的销售既符合客人的心理需求又增加酒店的收入呢？

（三）客房销售技巧

1. 熟记客人姓名

在销售过程中，使用尊称称呼客人，给人以亲切感。服务人员应尽快通过形象记忆或面部特征记住客人姓名。

☆讨论：记住客人的姓名有什么好处？

☆思考：如何快速记住客人的名字？

2. 注意聆听，及时释疑

注意掌握听的艺术，通过聆听得知客人的真正要求，运用两耳一心的聆听方法，全面把握客人的意图和心理需求。

3. 态度诚恳友善

在谈话过程中，不要出现打断其思路或显出烦躁不安的表现，更不应随意评论、反驳或争辩。

4. 使用正面说法

注意语言艺术，称赞对方的选择，应避免使用“不走运”“只剩下”等类词语。

☆思考：永远不要对客人说“NO”，是什么意思？

5. 强调客户的价值而非价格

在销售过程中，不能只谈房价不介绍客房。客人只有在了解客房的特点及其价格后，才有可能选择购买。

6. 选择适当的报价方式

根据所销售的客房种类，选择恰当的报价方式。

（1）夹心式报价：亦称三明治式报价，将房价夹在所提供的服务项目和利益中间进行报价，以减轻价格的分量。此类报价适合中、高档客房，针对消费水平高、有一定地位和声望的客人。

（2）鱼尾式报价：先介绍所提供服务设施项目以及客房特点，最后报出房价，突出物美，减弱价格对客人的影响。此类报价适合中档客房。

（3）冲击式报价：先报价格，再告知客人房间所提供的服务设施与项目等。此类报价比较适合价格较低的客房，针对消费水平较低的客人。

☆角色扮演：同桌两人分别扮演客人和前厅服务员，在高、中、低三档房型中任意选择一种进行恰当报价，进行模拟练习演示。

四、要点提示

1. 收取定金

不但可以防止因客人“预订不至”而给酒店造成的损失，而且即使客人如期抵店入住，收取的定金也可作为预付款使用，从而有效防止客人逃账。

2. 收取预付款

未经预订而直接抵店、信用情况不了解或信用较差的客人，酒店应收取预付款。（免收预付款的客人有：预订客人、常客、旅游团体或有接待单位的客人）

3. 制定合理的信用政策

酒店配以专职的信用经理从事信用审批、核查工作。

4. 建立详细的客户档案

通过建立详细的客户档案，掌握客户所在单位的性质和履约守信程度，以此决定酒店给予客人的信用政策。

5. 授权

对持有信用卡的客人，酒店可采取提前向银行请求授权的方法，提高客人的信用限额。

6. 发现疑点，采取措施

酒店可以从客人行李的多少、是否列入“黑名单”等发现疑点，根据不同疑点，采用不同措施。

五、评价表

客房销售服务实训评价表，见表 6–1。

表 6-1　客房销售服务实训评价表

序号	评价内容	操作内容	配分	得分
1	仪容仪表	站立标准，行为规范，举止大方； 头发、指甲符合行业要求； 女士化淡妆、不戴首饰，男士不留胡子； 制服保持笔挺，整洁干净，不可有皱褶 保持良好的面部表情	10	
2	了解房间种类	大床间；标准间；标准套房；豪华套房；总统套房；复式套房；连通套房	15	
3	熟悉客人种类	商务型客人； 旅游度假客人； 蜜月度假客人； 知名人士、高薪阶层； 家庭客人； 老年人、残障人士	15	
4	客房销售程序	介绍客房； 洽谈价格； 展示客房； 促成购买	30	
5	客房销售技巧	熟记客人姓名； 注意聆听、及时解释； 态度诚恳友善； 选择适当报价方式（夹心式、鱼尾式、冲击式）	20	
6	整体印象	微笑服务，服务态度良好； 沟通协调能力； 能根据情境演变的脉络，洞察并解决问题	10	
总评				

随堂练习

1. 选择题

当客人有（　　）以下迹象时，可决定是否让其入住或采取预收账款等措施。

A. 一反常态，突然短时间内大笔消费

B. 频繁搬迁单位地址

C. 转换付款银行或开空头支票

D. 与其联系，以种种理由拒绝会面

E. 付款速度放慢，以种种理由要求延期付款

2. 情景模拟

结合客房特点，选择一类客人（商务客人、旅游客人、蜜月客人、老年人）进行有针对性的客房销售服务模拟练习。

____

____

____

____

3. 思考题

分析下列客人的不同需求特点及其适合的房型。

A. 商务型客人

B. 旅游度假客人

C. 蜜月度假客人

D. 知名人士、高薪阶层

E. 家庭客人

F. 老年人、残障人士

模块七　前厅部的管理

项目一　VIP 客人接待

实训目的

（1）学习 VIP 客人接待的程序及相关注意事项。

（2）通过对 VIP 客人接待的探讨和学习，提高自身职业能力及职业意识。

（3）培养自主学习能力、洞察力、沟通能力和协同作战能力。

实训方法

制定服务方案，按照方案实施服务计划，设计模拟场景，学生尝试实作，教师巡回指导，学生修改方案，并进行成果展示，学生之间相互点评，教师最后进行总结点评。

实训时间

2 学时。

实训内容

一、基础知识

VIP 贵宾等级分类，VIP 客人接待的相关程序及注意事项。

二、准备工作

确定接待组组员名单，明确人员分工。

三、服务技能

（一）接待程序及标准（见表 7-1）

表 7-1　接待程序及标准

工作程序 What	规范要领 How	目的 Why	标准要点 Standard
接收客人的预订信息	①接到 VIP 客人预订信息，详细了解其基本情况、到店时间、接待规格及外貌特征 ②根据客人的要求，充分沟通，确定接待安排	详细了解客人需求，通过接收信息可以直接了解到客人的要求，从而提供相关的信息和服务	接待规格按照 VIP 等级而定，提供 VIP 个性化服务

续表

工作程序 What	规范要领 How	目的 Why	标准要点 Standard
以发文或填写VIP报告表的形式通知有关领导和部门，准备贵宾接待	①与前厅部协调配合安排好房间； ②与房务部协调按标准布置好房间，并安排好专人跟踪服务（管家服务）； ③与餐饮部协调安排好客人在酒店的用餐； ④与保安部协调，加强VIP客人所在楼层及全酒店的保卫工作	①将接待信息和详细情况通知各相关部门，与各相关部门做好充分沟通，了解各部门的准备情况和协调各项准备工作的展开； ②只有通过与各部门之间的协作，才能将接待工作顺利地开展起来，充分保障接待工作的有序进行	①考虑周到、详尽，尽量满足客人要求； ②按照接待标准布置，严格检查； ③充分沟通，做好各项准备； ④确保安全与防卫
机场 / 车站迎接VIP客人	①掌握客人所乘的航班、车次抵达时间，落实好接机车辆； ②准备接机牌	体现酒店对VIP客人的尊重和重视，体现本酒店的星级接待规格	①准确掌握VIP客人路程安排时间； ②接机牌书写准确、正规

续表

工作程序 What	规范要领 How	目的 Why	标准要点 Standard
简单介绍、交谈，进一步了解VIP客人的要求	①接站上车后，向客人介绍酒店的基本情况，为他安排的日程等，并征求客人意见，根据客人要求做力所能及的更改，如不能决定，回酒店后立即请示； ②尽可能向客人介绍他感兴趣的话题（如：客人来此参与活动的有关背景资料，本地的气候、风土人情、民风民俗、著名特产，客人来源地的重要人物、风情、大事等）； ③注意观察客人，如客人旅途劳累，不要强与客人交谈，让客人稍事休息	①通过与VIP客人简单的介绍、沟通，使客人对本酒店有一个初步了解； ②方便了解客人的其他临时变动和要求，以便做好及时地更改和准备； ③通过与VIP客人的介绍、交谈可尽量减少客人旅途的闲闷，提高VIP客人的旅游兴致； ④要注意察言观色，适可而止	①提前15分钟到达接客地点，高举接机牌明示客人 ②主动为客人提拿行李，引领客人上车； ③尽量做到有求必应，反应敏捷，回复迅速； ④进行有针对性地介绍； ⑤留心观察，随机应变
VIP客人抵店前准备	如客人不需接站，则在大堂门口等候客人到达即可	各部门负责人到场迎接体现了酒店的接待规格和对客人的重视和尊重	需在客人抵店前10分钟到达大堂门口

续表

工作程序 What	规范要领 How	目的 Why	标准要点 Standard
VIP客人抵店时的工作	①客人到达时，公关部经理主动上前迎接，并介绍酒店主要负责人，必要时安排拍照及摄像； ②酒店领导（部门经理或大堂经理）陪同客人乘专梯到达入住楼层	①营造和谐、热情的气氛，让VIP客人感受到酒店对其的重视； ②通过对接待工作的各种安排，让客人感受酒店的热情，使客人感觉自己是被关注的焦点，体会到酒店对其重视程度	热情大方，现场气氛隆重
接待VIP客人入住时应注意事项	①对于第一次到店的客人要简要介绍房间设施和酒店服务 ②询问客人有无需要帮助之外，临别时，说清楚再次见面的时间、地点、将去做什么、与其联系方法等	①向客人介绍房间设施和酒店服务是对客人的尊重，也是避免客人不知道设备如何使用的尴尬； ②详细表述下一步行程是为了让客人可以事先准备，也体现酒店的服务质量	介绍时简洁扼要，询问得体，言辞恰当，使客人感到时刻被关心
VIP客人住店期间服务	①VIP客人入住期间，注意协调有关活动，及时解决临时出现的问题； ②主动征求客人意见，做出适当调整和安排	客人入住期间的协调和对客人意见的征询是为了提供更优质的服务，让VIP客人能够更好地享受本酒店的服务，使之满意	①灵活、快捷地处理突发情况； ②态度诚恳，调整快速、准确

续表

工作程序 What	规范要领 How	目的 Why	标准要点 Standard
VIP 客人离店前准备工作	①通知相关部门做好客人离店前的准备； ②落实客人离店时间，车辆安排 ③安排酒店为VIP 客人举行送别宴会，确定宴会标准、地点、出席人、特殊要求等	①通知各部门做好准备工作，避免混乱无序； ②使服务做到超前，细致，让客人感觉到他所需要的一切均已为他安排好； ③体现对VIP客人的重视和关注	①通知到位，无遗漏； ②确保无差错； ③准备充足的服务人员
送别 VIP 客人	①有关送行人员到大堂门口欢送； ②与客人握手道别，站立于门前直至车辆远离	将送行举办得隆重、热烈，给客人留下一个难忘的回忆，并体现酒店对 VIP 客人的尊重和重视	①提前 10 分钟到场准备 ②态度诚恳并表示感谢
VIP 客人离店后的工作	①销售部、推广部做好资料、图片存档工作； ②主动向客人或联络人征求意见，并希望今后进一步合作，对意见要及时反馈； ③对有新闻价值的接待活动，公关部撰稿送新闻单位发表	①VIP 客人的入住是酒店重要的历史记录，可为酒店带来良好的社会效用，保存其资料和图片是非常重要的； ②离店后的跟进工作可让客人体会到酒店重视和关注	①按资料档案管理制度填写《VIP 入住调查意见表》； ②进行有针对性的撰稿并发布

续表

工作程序 What	规范要领 How	目的 Why	标准要点 Standard
总结	召开总结会，总结接待经验，找出不足，表扬优质服务的部门和个人	通过有效的总结及归纳，发现接待工作中的欠缺，加以修正，以免在以后的接待工作中再重复出现类似的情况	所有相关人员都需参加并发表个人意见和建议

四、要点提示

（1）在对 VIP 客人服务过程中，要时刻体现尊重客人，重视客人。

（2）在对 VIP 客人服务过程中，要主动热情、细心周到。

（3）为 VIP 客人服务，要提前详细的了解客人资料，为客人提供有针对性的服务。

（4）服务结束以后，一定要总结经验和教训。

（5）为 VIP 客人服务时，要站在客人的角度，并且灵活应变突发问题。

五、评价表

VIP 客人接待服务实训评价表，见表 7–2。

表 7–2　VIP 客人接待服务实训评价表

序号	评价内容	操作内容	配分	得分
1	仪容仪表	站立标准，行为规范，举止大方； 头发、指甲符合行业要求； 女士化淡妆、不戴首饰，男士不留胡子； 制服保持笔挺，整洁干净，不可有皱褶 保持良好的面部表情	10	
2	VIP 客人的等级	特级贵宾； A 级贵宾； B 级贵宾； 总经理根据实际情况划定为贵宾的客人	20	
3	VIP 客人的服务程序	VIP 客人抵达前，将住房卡和房间钥匙一并装入 VIP 信封； VIP 客人抵店时不需在总台登记，请 VIP 客人签字即可； VIP 客人房号必须保密，VIP 客人的信件、传真等必须严格登记、专人收发； 接待员及礼宾员应熟悉 VIP 客人姓名，了解接待规格和要求； 酒店门口迎候的礼宾员应戴白手套，并根据情况提前将门打开，方便 VIP 客人进入； VIP 客人的行李到店时，应即刻挂上 VIP 客人行李牌并送进客房； VIP 客人离店之日，应根据掌握的离店时间，派行李员在客房门口等候，运送行李要及时，要严格清点有无遗忘和破损	30	

续表

序号	评价内容	操作内容	配分	得分
4	VIP 客人服务的注意事项	注重 VIP 客户的差异化服务； 各部门协调统筹安排妥当	15	
5	特殊 VIP 客人服务的灵活处理	注意确认客人身份； 注意客人信息的保密； 灵活应对突发情况	15	
6	整体印象	微笑服务，服务态度良好； 沟通协调能力； 能根据情境演变的脉络，洞察并解决问题	10	
总评				

随堂练习

1. 判断题

（1）重要 VIP 客人可以不出示身份证直接办理入住。

□ 对

□ 错

（2）送别 VIP 客人后，应及时建立客史档案，并记录客人的喜好与意见。

□ 对

□ 错

2. 情景模拟

4 月 13 日，美美酒店的 VIP 客人百盛公司运营总监马飞先生乘

CZ8592 次航班于 15:45 到达温州龙湾国际机场，将入住美美酒店的行政楼层。酒店规定，所有 VIP 客人的房间都配送精品水果和鲜花，并要求部门经理到门口迎接。

作为大堂副理（Assistant Manager，AM）的你，将如何做好这次 VIP 客人接待呢？

____

____

____

____

____

____

项目二　宾客投诉处理

实训目的

（1）熟练掌握投诉处理的程序及相关注意事项。

（2）提高职业能力及职业意识。

（3）培养学生自主学习能力、洞察力、沟通能力和创新能力。

实训方法

制定服务方案，按照方案实施服务计划，设计模拟场景，学生尝试实作，教师巡回指导，学生修改方案，并进行成果展示，学生之间相互点评，教师最终进行总结点评。

实训时间

2 学时。

实训内容

一、基础知识

引起客人投诉的原因；客人投诉的类型；接受投诉后正确处理客人投诉的程序和方法。

二、准备工作

组队分工，明确各自任务；熟悉本任务所需知识要点，按计划分工实施任务。

三、服务技能

（一）明确客人投诉的原因

1. 主观原因

由服务员本身的素质引起，如不尊重客人，工作不负责任，或工作没按标准化、规范化程序进行，而导致客人的投诉。

2. 客观原因

由酒店环境设施问题、管理制度问题引起的客人投诉。

（二）客人投诉的处理程序

1. 对投诉的快速处理程序

（1）专注地倾听客人诉说，准确领会客人意思，把握问题关键所在，确认问题性质，必要时查看投诉物，迅速作出判断。

（2）向客人致歉，作必要解释，请客人稍微等候，马上与有关部门联系。

（3）跟进处理情况，向客人询问对处理的结果是否满意，最后做简短祝词。

2. 对投诉的一般处理程序，见图 7–1。

请客人移步至不引人注意的一角，对情绪激动的客人或由外地刚抵店的客人，应奉上茶水或其他不含酒精的饮料

↓

耐心专注地倾听客人陈述，不打断或反驳客人，用恰当的表情表示自己对客人遭遇的同情，必要时做记录

↓

区别不同情况，妥善安置客人。对求宿客人，可安排其稍事休息；对本地客人和离店客人，可请他们留下联系电话或地址，为了不耽误他们的时间，请客人先离店，明确地告诉客人给予答复的时间

↓

着手调查。必要时向上级汇报情况，请示处理方式，做出处理意见

↓

把调查情况与客人进行沟通，向客人作必要解释，争取使客人同意处理意见

↓

向有关部门落实处理意见，监督、检查有关工作的完成情况

↓

再次倾听客人意见

↓

把事件经过及处理方法整理成文字材料，存档备查

图 7–1　投诉的一般处理程序

四、要点提示

（1）在服务的过程中，一定要把“对”让给客人，不要跟客人争辩对错。

（2）客人在情绪激动的情况下，服务人员要先安抚客人。

（3）在接待客人投诉时，服务人员要耐心倾听，并且做记录。

（4）投诉处理的结果一定要反馈给客人，尽量补救挽回酒店在客人心目中的良好形象。

（5）投诉处理完毕，一定要把资料进行储存。

五、评价表

投诉处理服务实训评价表，见表 7–3。

表 7–3　投诉处理服务实训评价表

序号	评价内容	操作内容	配分	得分
1	仪容仪表	站立标准，行为规范，举止大方； 头发、指甲符合行业要求； 女士化淡妆、不戴首饰，男士不留胡子； 制服保持笔挺，整洁干净，不可有皱褶； 保持良好的面部表情	10	
2	客人投诉的原因	硬件设施、设备出现故障； 客人对作为“软件”的无形服务不满； 酒店管理不善； 客人对酒店的相关政策规定不了解或误解	20	
3	处理客人投诉的程序	做好接待投诉客人的心理准备； 设法使客人消气； 认真倾听客人的投诉，并注意做好记录； 对客人的不幸遭遇表示同情、理解和抱歉； 对客人反映的问题立即着手处理； 对投诉的处理结果予以关注； 与客人进行再次沟通，询问是否满意处理结果	30	

续表

序号	评价内容	操作内容	配分	得分
4	处理客人投诉的注意事项	树立“客人总是对的”信念； 掌握投诉客人三种心态（求发泄、求尊重、求补偿）； 不可在客人面前推卸责任； 给客人多种选择方案及肯定的答复	15	
5	解决客人投诉的问题	注意确认客人身份； 注意客人信息的保密； 灵活应对突发情况	15	
6	整体印象	微笑服务，服务态度良好； 沟通协调能力； 能根据情境演变的脉络，洞察并解决问题	10	
总评				

随堂练习

1. 选择题

（1）客人投诉问题得到解决的关键是（　　）。

A. 照顾客人的身份

B. 照顾服务员的感受

C. 照顾好客人的面子

D. 照顾酒店的声誉

（2）投诉产生后的处理，决定了（　　）。

A. 能否争取到回头客

B. 酒店的声誉

C. 服务被认可的程度

D. 公司的发展

2. 情景模拟

8 月 8 日晚，环球酒店的大堂经理接到长住客人 1016 号房间王先生打来的投诉电话，投诉澡洗了一半居然没热水了。

如果你是大堂经理，将如何应对？请同学们两人一组，进行模拟练习。

____

____

____

____

____

3. 将下列服务程序补充完整

安抚客人，使客人平复心情 → ________ → ________ → ________ → ________ → ________ → ________

参 考 文 献

［1］王英哲 . 前厅服务与管理［M］. 北京：北京理工大学出版社，2010.

［2］吴梅，陈春燕 . 前厅服务与管理［M］. 北京：高等教育出版社，2012.

［3］刘国明 . 前厅服务与管理练习册［M］. 北京：高等教育出版社，2018.

［4］陈春燕 . 前厅服务与管理［M］.2 版 . 北京：高等教育出版社，2020.

［5］陈莹，范运铭 . 客房服务与管理［M］. 北京：高等教育出版社，2015.

［6］姜倩 . 客房服务［M］. 北京：中国劳动社会保障出版社，2016.

［7］廖建军 . 客房服务与管理练习册［M］. 北京：高等教育出版社，2020.

［8］黄景荣 . 一体化课程开发与实施［M］. 广州：广东教育出版社，2016.

［9］郭莉，陈红艳 . 餐饮服务与管理实训技能指导［M］. 天津：天津大学出版社，2016.

［10］施燕丹，王小平 . 前厅服务与管理［M］. 长春：东北师范大学出版社，2017.

［11］吕建忠 . 现代旅游饭店管理［M］. 北京：中国旅游出版社，2004.

［12］陈红艳，王娟 . 客房服务与管理实训技能指导［M］. 成都：西南交大出版社，2022.